내성적인
프리랜서
괜찮을까요?

내성적인
프리랜서
괜찮을까요?

톰 올브라이턴 지음 | 박정은 옮김

성격을 바꾸지 않고 원하는 방식으로 일한다

차 례

1장 첫발 내딛기

나는 내성적인 사람일까? 11 | 내성적인 사람이 직장에서 일할 때 15 | 선망의 대상, 프리랜서 20 | 그래! 내성적인 사람도 프리랜서가 될 수 있다 23 | 나는 내성적인 프리랜서다 24 | 내향성은 약점이 아니라 강점이다 26 | 내성적인 사람도 성공할 수 있다 28

2장 미래 선택하기

무엇을 원하는지 분명히 정한다 35 | 나만의 기술 파악하기 36 | 지금까지의 직무기술서를 뛰어넘기 37 | 나의 숨겨진 자질 찾아내기 38 | 프리랜서로서 어떤 일을 할 것인가? 39 | 고객을 어떻게 도울 것인가? 41 | 누구를 대상으로 할 것인가? 43 | 얼마를 벌 것인가? 45 | 일 외에 무엇을 하고 싶은가? 47 | 성공한 프리랜서를 롤모델로 47 | 원하는 미래를 글로 쓴다 48 | 스토리텔링의 힘 50 | 끌어당김의 법칙 활용하기 51

3장 사업 준비하기

업무 공간은 왜 중요할까? 59 | 업무 장비는 사업에 대한 투자다
62 | 건강을 돌보는 습관 만들기 64 | 스트레스 관리하기 65
| 필요한 네트워크 구축하기 67 | 협업 파트너 선택하기 69 |
아웃소싱 제대로 활용하기 72 | 확고한 경계 설정하기 74

4장 시간 관리하기

프리랜서에게 시간의 의미 83 | 시간 관리의 세 가지 관점 84 |
쉴 땐 제대로 88 | 시간 빨대를 경계할 것 91 | 언제, 왜 집중력
이 흐트러지는가? 92 | 탐색과 활용은 균형 있게 94

5장 고객과 협력하기

좋은 고객이란? 101 | 거절이야말로 기술이다 103 | 잘 거절하는
방법 107 | 불량 고객을 알아차리는 방법 111 | 적극적인 경청 기
술 119 | 덜 약속하고 더 해줘라 125 | 고객이 떠날 때 126

6장 나를 마케팅하기

정말 하기 싫지만 왜 마케팅이 필요한가? 133 | 새로운 고객을 찾는 방법 134 | 오래 할 수 있는 마케팅을 찾자 137 | 나를 광고하는 글 작성하기 140 | 퍼스널 브랜드가 필요한가? 142 | '저'로 할까, '우리'로 할까? 144 | 웹사이트의 중요성 146 | 추천글의 힘 150 | 최소한의 네트워킹은 필요하다 152 | 여전히 다이렉트 마케팅을 하는 이유 156 | 성과를 공유해 나를 홍보한다 158 | 생각 공유하기 160

7장 가격 정하기

가격을 책정할 때 겪는 문제 165 | 얼마를 청구할 것인가? 166 | 거래 영역의 꼭대기를 목표로 169 | 가격을 책정하는 세 가지 기준 171 | 패키지 가격 제안하기 175 | 가격을 제대로 말하는 기술 176 | 급하게 제안하지 말자 179 | '보내기'를 클릭하는 용기 181 | 웹사이트에 가격 게시하기 183 | 깎아 주기 184 | 무보수로 일할 때 주의할 점 186 | 무료 샘플 제공해야 하나? 188 | 돈을 받지 못할 때 190 | 프리랜서의 가격 책정 5단계 192

8장 자신감 키우기

내 기술에 대한 자신감 199 | 한 단계씩 점진적으로 200 | 안전지 대를 넘어서 202 | 비관적 해석 VS 낙관적 해석 205 | 가면 증후 군을 다루는 방법 209 | 소셜 미디어에 대한 한마디 212

9장 긍정적인 신념 선택하기

왜 신념이 중요한가? 217 | 자기 제한적 신념 극복하기 218 | 내 가 선택할 수 있다 222 | 나에게는 이미 필요한 모든 자원이 있 다 223 | 내가 제공하는 가치는 유일무이하다 224 | 성공은 실 패 너머에 있다 225 | 모든 일이 일어나는 데는 이유가 있다 226 | 모든 노력에는 보상이 따른다 227 | 상황은 점점 더 좋아질 것이 다 228 | 나의 위치는 안전하다 229 | 모든 것이 제자리에 있다 230 | 꽉 잡고 가볍게 놓아라 231 | 이 또한 지나가리라 233

에필로그 235

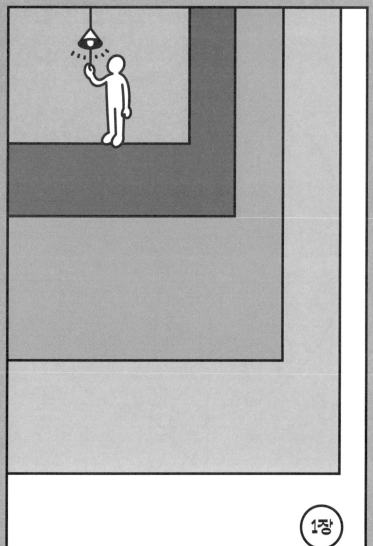

1장

첫발 내딛기

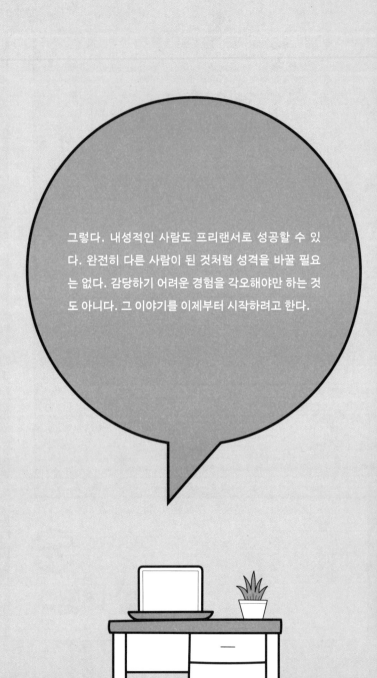

그렇다. 내성적인 사람도 프리랜서로 성공할 수 있다. 완전히 다른 사람이 된 것처럼 성격을 바꿀 필요는 없다. 감당하기 어려운 경험을 각오해야만 하는 것도 아니다. 그 이야기를 이제부터 시작하려고 한다.

나는 내성적인 사람일까?

다음 중 나에게도 해당되는 항목이 있는지 생각해 보자.

- 혼자 있을 때 대체로 행복하다.
- 정말 친한 친구는 몇 명밖에 없다. 오래전부터 그랬고, 그런 친구 관계가 나에게 잘 맞는다.
- 친구들과 가족을 정말 사랑하지만, 가끔은 혼자만의 시간이 필요하다.
- 다른 사람이 대화를 주도하는 것이 좋고, 여러 사람이 함께 있을 땐 조용히 있는 편이다.
- 사람을 사귀는 데 시간이 걸린다. 사람을 믿는 데까지는 훨씬 더 오랜 시간이 걸린다.
- 일대일 만남을 선호한다. 세 명이 모이는 것보다 단둘이 있는 것이 좋다.
- 여러 사람과 같이 있는 시간이 너무 길어지면, 진이 빠지고 평정심을 유지하기 어려워 괴팍하게 굴거나 말이 없어진다. 그

럴 땐 그 자리에서 빠져나와 혼자만의 시간을 보내며 방전된 에너지를 회복해야 한다.

- 혼자만의 시간을 가질 수 없으면 일을 처리할 수 없다. 내 생각을 확실히 알기 위해서는 나 자신과 대화하는 시간이 필요하다. 준비되지 않았을 때 결정하도록 떠밀리는 상황을 좋아하지 않는다.

- 내 생각과 감정을 살피는 데 많은 시간을 쏟기 때문에 자신에 대해 매우 잘 알고 있다고 느낀다. 내 생각이나 감정, 행동 때문에 놀라는 일은 거의 없다.

- 혼자 즐길 수 있는 취미나 혼자서도 가능한 활동이 좋다. 동호회나 단체에 소속되어야 하는 활동은 좋아하지 않는다.

- 때로는 봉사 활동을 하고 싶지만, 다른 사람들과 함께 활동해야 한다는 점에서 망설이게 된다. 기부와 같이 깊이 관여하지 않으면서 도울 방법을 찾는다.

- 무언가를 배우면 만족스러울 때까지 혼자 연습하는 것이 좋다. 개인적인 프로젝트를 진행할 때는 그것을 모두 완료한 다음에야 비로소 다른 사람에게 보여주고 싶은 생각이 든다.

이들 항목의 일부 또는 전부에 공감한다면 당신은 아마도 내성적인 사람일 것이다.

내성적인 사람을 지칭하는 'introvert'라는 단어는 라틴어로 '내부'라는 의미의 intro(인트로)와 '돌리다'라는 의미의 vertere(베르테레)가 합성된 말이다. 따라서 내성적인 사람은 자신의 외부보다 내부로 시선을 돌리는 사람, 다른 사람이나 외부의 사건보다 자기 생각과 감정에 마음을 기울이는 사람이다.

일부 심리학자들은 내성적인 사람이 외부의 자극에 쉽게 압도된다고 말한다. 그래서 그들은 과도한 자극을 피할 수 있는 장소와 활동을 찾는다. 누군가에게는 편안하거나 즐거운 상황이 내성적인 사람에게는 부담스러울 수 있다.

성격을 내향성과 외향성, 둘 중 하나로 단순하게 분류할 수 있는 것은 아니다. 내향성과 외향성의 양극단이 있고 그사이에도 무수히 많은 유형이 있기 때문이다.

아주 내성적이거나 아주 외향적일 수도 있지만, 그 양극단 사이 어딘가에 있을 수도 있다. 어떤 날은 사람들과 어울리고 싶고 어떤 날은 혼자 어딘가에 틀어박혀 있고 싶은 것처럼, 한 사람의 내면에는 다양한 감정이 있고, 여러 가지 심리 상태를 경험할 수 있다.

내향성과 외향성의 특성이 조화를 이루는 양향적 성격을 가진 사람들도 있다. 앞에 살펴본 항목 중 일부에만 해당하거나, 삶의 특정 시기 또는 특정 상황에만 해당한다면 양향적 성격일 수 있다.

자신이 내성적인지 아닌지 확실히 모르겠다면 MBTI(마이어스-브리그스 성격유형 검사, Myers-Briggs Type Indicator)를 통해 알아보는 방법도 있다. MBTI는 내향/외향, 감각/직관, 사고/감정, 판단/인식의 네 가지 분류에 대해 사람마다 둘 중 더 선호하는 특성이 있다는 생각에 기반한 것이다. 그 특성들을 조합하면 16가지 성격유형으로 나타나는데 그중 8가지가 내향적인 유형이다. 당신은 이 8가지 중 하나로 자신을 인식할 수도 있다.

내성적인 것은 수줍음이 많은 것과는 약간 다르다. 수줍음은 사람들과 함께 있을 때 긴장하고 어색해하고, 때로는 그런 심리가 견디기 힘들 정도로 강하게 나타나는 것이다. 외향적인 사람도 가끔 그럴 수 있다. 그와 달리 내성적인 사람은 필요할 때는 사람들을 잘 상대할 수 있다. 단지 대부분은 사람들을 상대하는 것을 선호하지 않을 뿐이다.

내성적인 사람은 '소수 집단'에 속한다. 연구 결과에 의하면 외향적인 사람의 수가 내성적인 사람보다 3배 더 많다.[1] 그것이 아마 내성적인 사람들이 특이하거나 어딘가 결함이 있는 사람으로 인식되는 이유일 것이다.

°

1   https://www.sciencedirect.com/science/article/pii/S1550830716000379

외향적인 사람들은 '어쨌든 사람은 많을수록 좋다'고 생각하기 때문에 내성적인 사람들이 왜 다른 사람들과 잘 어울리지 않는지 이해하지 못할 때가 많다. 그래서 그들을 오만하거나 냉정하거나 무관심한 사람이라고 오해하기도 한다.

지금까지 이야기한 것을 요약하자면, 당신은 내성적인 사람으로서 삶을 특정한 방식으로 살고 싶어 한다. 그 방식이 실제 삶이나 다른 사람들의 기대에 항상 부합하지 않더라도 당신에게 선택권이 있다면 별문제가 되지 않는다.

하지만 직장이라는 곳에서는 상황이 완전히 달라질 수 있다.

내성적인 사람이 직장에서 일할 때

많은 사람이 직장을 좋아하지 않는 곳, 또는 피할 수 있다면 피하고 싶은 곳으로 생각한다. 그럼에도 우리는 인생의 3분의 1을 직장에서 보낸다.[2] 따라서 직장은 우리가 좋아하든 좋아하지 않든 우리 인생의 많은 부분을 차지한다. 내성적인 사람들에게는 특히

°
2 https://www.independent.co.uk/life-style/british-people-work-dayslifetime-overtime-quit-job-survey-study-a8556146.html

그렇다. 다음 중 남의 이야기 같지 않은 항목이 있는지 살펴보자.

- 안 그래도 힘든 월요일이 사무실 잡담 때문에 더 힘들게 느껴진다. 모든 사람이 "주말에 뭐 했어요?"와 같은 말을 하기 때문이다. 내가 바라는 것은 그저 내 책상에 앉아 일에 몰두하는 것이다.
- 사무실이 너무 시끄럽다. 사람들이 다짜고짜 다가와 말을 건다. 도무지 일을 끝낼 수가 없다.
- 대규모 회의와 브레인스토밍은 최악이다. 모든 사람이 말하고 싶어 한다. 나는 보통 아무 말도 하지 않고 조용히 앉아 끝나기만을 기다린다.
- 팀 빌딩 활동과 워크숍, 회식이 가장 두렵다. 좋아하지 않는 사람들과 협력하거나 어울리도록 강요받는 것이 싫다.
- 팀 프로젝트는 나와 잘 맞지 않는다. 혼자 일하는 것이 좋고 준비가 다 되었을 때만 내가 한 일을 다른 사람들에게 보여주고 싶다.
- 정말 집에서 일할 수 있으면 좋겠다. 훨씬 더 많은 일을 처리할 수 있을 것이다. 하지만 상사는 절대 허락하지 않을 것이다.

위의 예시 중 일부의 항목에라도 공감한다면, 내성적인 사람들에게는 아침 9시부터 오후 6시까지 직장에서 근무하는 평범한 일이 너무나도 어려운 일이라는 것을 이해할 수 있을 것이다.

우선, 조직은 '사람들이 모인 집단'이라는 간단하고 분명한 사실을 떠올리자. 길거리에서 혼자 일할 것이 아니라면, 또는 자기 사무실이 따로 있을 만큼 운이 좋지 않다면, 우리는 근무시간 대부분을 다른 사람들과 함께 보내야 한다. 하지만 이것은 시작에 불과하다. 이것에 더해 우리는 직장 생활을 필요 이상으로 사교적인 장으로 만드는 여러 트렌드에 둘러싸여 살고 있다.

벽과 칸막이가 없는 현대적인 오픈 플랜 오피스에서는 수다를 떠는 소리가 사방에서 들려온다. 누구든 당신을 언제든지 방해할 수 있고, 실제로 거의 확실하게 방해를 받는다. 책상에 앉아 있을 때조차 주위의 소음과 움직임 때문에 집중력이 흐트러진다.

또 현대 사회는 팀워크에 집착한다. 각자 따로 일하고 있는 직원들이 협력하면 더 나은 성과를 얻을 수 있다고 믿는 경영자들이 많다. 하지만 우리는 반드시 그렇지는 않다는 것을 경험으로 알고 있다. 팀으로 일하면 다양한 사람들이 모여 새로운 아이디어를 끌어낼 수 있다는 것은 맞는 말이다. 하지만 이 사람들을 하나의 팀으로써 같은 방식, 같은 속도로 일하도록 강제하는 것도 사실이다. 팀의 어떤 구성원에게 도움이 되는 것이 다른 구성원에게는 방해가 될 수도 있다. 그리고 내성적인 사람들은 소수에 속할 때가 많아서 가장 손해를 보기 쉽다.

보통 프로젝트를 전담하는 팀은 일에만 집중한다. 어쩌면 일주일에 한 번 만나는 것 외에는 다른 요구 사항이 없을 수도 있다. 그러나 팀의 협동 정신을 기르기 위한 워크숍에 참여해야 한다면 어떨까? 특히나 내성적인 사람에게는 그만한 고문이 또 없을 것이다.

때때로 근로자들은 일을 수행하기 위해 기분과 표정을 관리해야 한다. 사회학자들은 이것을 '감정 노동'이라 부른다. 예를 들어, 식당의 종업원은 통상적으로 상냥한 태도를 지녀야 한다고 생각한다. 만약 종업원이 그릇을 테이블에 던지듯 내려놓거나 손님한테 무례한 모습을 보인다면 일을 제대로 한다고 평가받기는 어려울 것이다.

직장에서 요구하는 많은 것들이 외향적인 사람들에게는 쉽게 처리할 수 있는 일이지만 내성적인 사람들에게는 감정 노동이 된다.

회사에서 크리스마스 파티가 열리면 즐겨야 한다. 동료가 탕비실에서 잡담을 시작하면 자리를 떠나는 것은 예의가 아니다. 팀에서 브레인스토밍 회의를 할 때는 도움이 되는 의견을 말해야 한다. 참여하고 어울리기 위한 이 끝없는 노력이 당신을 지치게 하고 의욕을 잃게 한다. 그런 것이 없었다면 대단히 좋아할 일을 싫어하게 만든다.

당신은 그 모든 것을 이겨내고, 마침내 자리에 앉아 일에 집중하려 한다. 그러나 기술의 발전 덕분에 완전한 도피는 여전히 불가능하다. 이메일, 전화, 메시지 세례에 여전히 시달릴 것이다. 물론 그것들은 효율적인 수단들이지만 당신은 단 5분의 생각할 시간조차 허락되지 않는다고 느낄 수 있다.

그런데 이상한 점은 아마도 당신은 많은 일을 여전히 혼자서 하고 있을 거라는 사실이다. 물론 일에 대해 이야기하는 데 많은 시간을 쓴다. 하지만 실제로 '일을 할 때는 혼자'일 때가 많다.

- 디자이너라면 혼자 디자인한다.
- 영업 사원이라면 혼자 고객을 만난다.
- 경영자라면 혼자 계획하고 발표한다.
- 수공예가라면 혼자 수공예품을 만든다.
- 그리고 작가라면 나처럼 혼자 초고를 쓴다.

바꿔 말하면, 당신은 '일하는 장소와 일하는 방식', 즉 직장의 성질과 거기에서 실제로 하는 일 사이에 갈등을 겪고 있다. 그 갈등은 내성적인 성격일 때 훨씬 더 고통스럽다. 정말 기량을 발휘해서 의미 있는 일을 하고 싶지만, 혼자 일하는 것을 좋아하기 때문에 직장이 항상 걸림돌이 된다. 그저 일에 몰두하고 싶을 뿐인데 직장 생활이 당신을 끊임없이 방해한다.

이 갈등을 해결할 방법이 있다면 어떨까?

선망의 대상, 프리랜서

나는 프리랜서가 되기 전, 출판사와 디자인 회사에서 일했다. 편집자, 작가, 디자이너, 사진작가 등 다양한 분야의 프리랜서와 함께 일했고 수년간 그들의 삶을 지켜보며 굉장히 부러워했었다.

나는 다른 누군가가 설계한 사무실에 틀어박혀 있었고 사무실은 항상 너무 덥거나 너무 춥게 느껴졌다. 하지만 프리랜서들은 편안하게 집에서 일하며 주위 환경을 완전히 통제하고 있었다.

나는 셔츠를 입고 넥타이를 맸다. 하지만 그들은 청바지와 후드티를 입었다. 나는 4주간의 휴가와 유연 근무제를 감사히 여겼다. 그들은 자유롭게 출퇴근했고, 수영하러 가기 위해 오후 3시에 퇴근하거나 몇 주에 걸쳐 스키 여행을 다녀오기도 했다. 나는 상사가 시키는 대로 했다. 그들은 무엇을 하고, 누구를 위해 일할지 스스로 선택하는 것 같았다.

무엇보다도 나는 일에 수반되는 모든 못 볼 꼴은 다 보았지만 별다른 혜택은 없었다. 그들은 그런 꼴을 보지 않아도 되었고 혜택이란 혜택은 다 누리는 것 같았다. 그러니 내가 이렇게 생각하는 것은 당연했다.

'나도 저렇게 일하고 싶다!'

그 프리랜서들이 나와 완전히 다른 유형의 사람들이었다면 아무것도 문제가 되지 않았을 것이다. 그들이 브레인스토밍을 하고 진취적이고 외향적인 사람들이었다면, 목소리가 크고 밀어붙이는 타입이었다면, 나는 받아들였을 것이다. 나는 그들처럼 될 수 없으니까 그들이 가진 것을 가질 수 없는 거라고. 그러나 그들은 그렇지 않았다.

'나와 비슷한 사람들이었다!'

회의하는 동안 그들은 주로 듣기만 하고 질문을 하거나 업무를 확인하기 위해서만 말을 했다. 또 일을 시작하는 데 필요한 정보를 모두 얻은 후에는 바로 자리에서 일어났다. 하지만 단순한 예스맨은 아니었다. 제안할 수 있는 자기만의 아이디어가 풍부했고, 반론 제기를 두려워하지 않았다. 사실 그것이 우리가 애초에 프리랜서와 일하는 이유였다. 사내에서 얻을 수 없는 강력하고 독자적인 관점을 제공하기 때문이었다.

그들은 우리 팀에 실제적인 가치를 더해주고 사실상 팀의 구성원으로 인정을 받았지만, 독립성과 통제력은 여전히 유지하고 있었다. 우리 회사를 도왔지만, 회사의 일원은 아니었다.

분명히 그들은 프리랜서로서의 삶이 잘 맞았다. 매일 일하기를 두려워하는 것 같지 않았다. 마감일을 지키기가 쉽지 않았음에도 꽤 여유로워 보였다. 내성적임에도 불구하고 자신감 있고 만족스러워 보였다.

나는 프리랜서 생활이 몹시 불안정하다는 말을 들은 적이 있었다. 그러나 그들에게는 그런 어려움도 없었다. 신기하게도 일감이 끊이지 않았다. 몇몇은 가족까지 부양하고 있었다. 그에 반해 나는 정규직으로 일하면서도 친구와 아파트를 같이 쓰고 있었고, 계좌에서 돈을 초과 인출한 상태가 계속되고 있었다.

이 사람들은 어떻게 그것을 해냈을까? 어떻게 나와 같은 삶에서 지금의 삶으로 옮겨가 성공할 수 있었을까?

나는 그걸 몰랐기 때문에 9시부터 6시까지를 갈아 넣으며 무수한 기계의 일개 톱니바퀴로써 살아갈 운명이었다.

그러다가 이런 결론에 이르렀다!

그래! 내성적인 사람도 프리랜서가 될 수 있다

프리랜서의 삶이 내성적인 사람들에게 매력적인 이유는 간단하다. 프리랜서는 대부분 시간을 혼자 보낸다. 팀원도 없고, 동료도 없고, 상사도 없다. 사람들을 만난다고 하더라도 언제 어떻게 만날지 스스로 결정한다. 몇 주는 아니더라도 며칠 동안은 다른 누군가와 일에 대해 말하지 않을 수 있다. 이렇게 좋을 수가!

일 자체에 관해서는 어떤 프로젝트를 맡을지 선택할 수 있다. 시간을 가장 효과적으로 쓸 수 있도록 언제 어떻게 일할지, 어떤 전화, 이메일, 메시지에 답할지 스스로 결정한다. 상사는 자기 자신이다. 업무 공간 또한 원하는 대로 꾸밀 수 있다. 천국이 따로 없다. 그러나 동전에도 뒷면이 있는 법이다.

프리랜서로서 1인 사업체를 운영한다면 누구도 나를 대신해 방향을 제시하거나 일정을 짜거나 우선순위를 정해주지 않는다. 따라서 알지도 못하는 사람들에게 일거리를 얻기 위해 밖으로 나가서 열심히 활동해야 한다. 내 일의 가격을 정하고 사람들이 그 돈을 지불하게 해야 한다. 시간은 물론이고 고객과 일하는 방식을 적극적으로 관리해야 한다. 필요한 기회와 도움을 얻을 수 있는 네트워크를 구축해야 한다.

그 모든 것을 하기란 누구에게나 매우 어려운 일이다. 내성적이라면 특히 더 그럴 것이다. 따라서 프리랜서 일은 내성적인 사람들에게 정말 좋을 수도 있지만, 그만한 노력도 필요하다.

자신이 자연스럽다고 느끼는 일과 좀 더 도전적이라고 느끼는 일 사이에 균형을 잘 잡아야 한다. 또 일부 새로운 기술과 사고방식을 배우고, 힘든 시기를 헤쳐나갈 수 있는 자신감을 길러야 할 것이다.

그 방법에 대해 내가 알게 된 것을 이 책에서 공유하려고 한다.

나는 내성적인 프리랜서다

나는 평생을 내성적인 사람으로 살아왔다. 어릴 때는 혼자 노는 것을 좋아했다. 주로 내 이야기를 쓰고 그리며 놀았다. 친구가 몇 명 있었지만 많지는 않았다. 단체 스포츠나 단체 활동을 좋아하지 않았고 지금도 그렇다.

어른이 되어서는 혼자 일할 수 있는 사무직 일자리를 얻었다. 나의 첫 직장은 출판사였고, 이후에 작은 디자인 회사로 이직했다. 그곳에서 정리해고되었을 때 나는 프리랜서가 될 기회라고 생각했다. 그리고 15년이 지난 지금까지 프리랜서 카피라이터와 편집자로 일하고 있다.[3] 운 좋게도 계속 풍족하게 생활하며 가족을 부양하고 있다.

이러한 내향성에도 불구하고 나는 외향적인 성격의 프리랜서 작가와 힘을 합쳐 카피라이터를 위한 협회를 설립했다.[4] 회원 관리와 행사 개최를 위해서는 내 안전지대를 벗어나 멀리 나와야만 했다. 전반적으로 나는 그 일을 할 수 있다는 것이 행복했지만 공동체가 번창하는 모습을 대표가 아닌 회원으로서 지켜보는 쪽이 훨씬 더 행복했다. 그래서 나는 다른 사람에게 통솔권을 넘겨주고, 프리랜서로서 내 일에 다시 집중하는 길을 선택했다.

나는 여전히 내성적인 사람이다. 사실 나이를 먹을수록 더 그렇게 되어가는 것 같다. 달리기, 자전거 타기, 정원 가꾸기, 게임과 글쓰기처럼 혼자 하는 활동이 좋다. 친한 친구가 여전히 몇 명밖에 없고, 새로운 친구를 거의 사귀지 않는다. 우스운 이야기지만 나는 사교적인 모임이나 행사에 가기 전, 심지어 오래된 친구들을 만날 때조차 대체로 마음이 불안하다. 이 모든 것에 대해 어렴풋이 가책을 느끼지만, 내가 달리 할 수 있는 일이 있을까? 마

°

[3] 웹사이트 https://www.abccopywriting.com를 방문하거나 링크트인 https://www.linkedin.com/in/abccopywriting에서 내게 연락할 수 있다.
[4] 더 자세한 내용은 https://www.procopywriters.co.uk에서 확인할 수 있다.

음은 내 마음대로 되지 않는다.

나는 직원으로 일하는 동안, 그리고 프리랜서로 일하며 성공한 프리랜서들을 아주 많이 만나 이야기를 나누었다. 그리고 지극히 내성적인 사람으로서 내가 꿈꿨던 삶을 살고 있다. 그래서 내 조언이 당신에게 도움이 될 수 있다고 생각한다.

내향성은 약점이 아니라 강점이다

더 깊은 이야기로 들어가기 전에 한 가지 분명하게 짚고 넘어가고 싶은 점이 있다. 이것은 내가 이미 깨달았고, 당신도 반드시 알아야 할 중요한 교훈이다.

당신은 혼자 있는 것을 좋아한다. 그러나 그렇다고 해서 괴짜도, 악한 사람도, 또는 심리적으로 문제가 있는 사람도 아니다. TV나 잡지, 소셜 미디어에서 뭐라고 하든 내성적인 성격은 나쁜 것이 아니다. 그런 성향을 띤다고 해서 열등한 사람도 아니다. 내향성은 치료해야 할 병이 아니다. 바로잡아야 할 성격상 결함이나 극복해야 할 약점이 아니다. 사실 내성적인 성격에는 많은 강점이 있다.

- 독립적이고 스스로 동기를 부여하는 힘이 있어서 목표를 달성하기 위해 다른 사람들에게서 에너지를 끌어모으지 않는다.
- 세상을 이해하는 통찰력이 있고 주위 사람들의 관점에 휩쓸리지 않는다.
- 다른 사람의 말을 주의 깊게 듣고 배운 것을 기억하며 그것에 따라 행동한다.
- 올바른 결정을 내리는 데 시간을 할애하고 앞으로의 일에 대비한다. 충동적으로 무모하게 행동하는 일은 거의 없다.
- 자신이 어떤 사람이고, 무엇을 원하고, 어떻게 살고 싶어 하는지 알고 있다. 남들의 의견에 따라 자신을 평가하지 않는다.
- 과업이 끝날 때까지 갑자기 옆길로 새거나 다른 데 정신을 빼앗기지 않고 뛰어난 집중력을 발휘한다.
- 충성도가 높고 신뢰할 수 있다.

이러한 자질이 프리랜서 일에 얼마나 큰 도움이 될지 당신은 이미 알 것이다. 이것은 신뢰하기 어렵고 변덕스러운 프리랜서가 너무 많은 세상에서 몹시 귀중한 가치다. 그 자질들을 종합하면, 당신은 고객들이 신뢰할 수 있다고 생각하는 사려 깊고 유능한 협력자이다.

따라서 당신은 내향성에도 불구하고 성공하는 게 아니라 '내향성 때문에' 성공할 것이다. 당신 안에 이미 내재된 힘이 당신을 강하게 만들 것이다. 그리고 완벽한 수준에 오를 때까지 개선이 필요한 부분을 보완하기 위해 계속해서 노력할 것이다.

내성적인 사람도 성공할 수 있다

우리는 '승자'에 대해 생각할 때 외향적인 사람을 상상하기 쉽다. 예를 들어, 할리우드 영화에 나오는 남녀 영웅들을 떠올려 보라. 조용하고 내성적이고 사려 깊은 사람이 얼마나 있는가? 목소리가 크고 외향적이고 행동 지향적인 사람은 얼마나 있는가?

일반적으로 승자라고 하면, 상황에 개입해서 그것을 통제하고 경쟁자를 물리침으로써 '저 바깥의' 뭔가를 성취하는 야심가를 떠올린다. 또는 혼자서 성취하는 것이 아니라면 승리하는 팀의 핵심 멤버가 승자일 것이다. 따라서 그런 것에 별로 관심이 없는 사람은 틀림없이 패자일 거라는 결론에 이른다. 그렇지 않은가?

그렇지 않다. 내성적인 사람도 성공할 수 있다. 알베르트 아인슈타인, 엠마 왓슨, 빌 게이츠, 프랭크 오션, 크리스티나 아길레라, 메릴 스트리프, 일론 머스크, 워런 버핏은 모두 내성적인 사람으로서 위대한 업적을 이뤘다.[5]

성공과 외향성 사이에 등식이 성립한다고 생각하면 외향적인 사람들을 원망하게 될 수도 있다. 그들의 환한 미소, 당당하고 매력적인 모습을 보라. 그들이 재능 있는 내성적인 사람들에게 돌아가야 할 기회를 모두 독차지하고 있는 것은 아닌가!

특정 직업의 경우에는 외향적인 사람이 더 적합할 수 있다. 예를 들어, 방문 판매 일이나 서비스 창구에서 고객의 불만을 응대하는 일에는 어느 정도 회복력 있는 성격이 요구된다. 그렇게 사람들과의 접촉이 많은 환경에서는 외향적인 사람이 빛나기 쉽다.

하지만 외향성에도 단점이 있다. 외향적인 사람은 사회적 접촉을 즐기기 때문에 오랜 기간 혼자 일하기는 힘들 수 있다. 사람들과의 상호 작용에서 에너지를 얻기 때문에 불필요한 대화나 전화, 모임에 쉽게 주의가 흐트러질 수 있다. 그래서 자기 시간은 물론 다른 사람들의 시간까지 허비하는 경우가 있다.

또 그들은 대화할 때 할 말이 없더라도 말을 해야 한다고 느낀다. 그것은 사실 자신의 평판에 도움이 되는 만큼 해가 될 수도 있다. 또, 다른 사람의 말을 듣는 것을 어려워하기 때문에 귀중한 정보와 통찰을 놓칠 때도 있다.

°
5   내성적인 사람들의 강점에 대해 더 알고 싶다면 《콰이어트》(수전 케인, 알에이치코리아, 2021)을 읽어보길 권한다.

핵심은 외향적인 사람이 내성적인 사람보다 더 나은 것도 부족한 것도 아니라는 사실이다. 그냥 다를 뿐이다. 실제로 내성적인 사람에게 외향적인 사람이 가진 강점이 필요할 때도 많고, 그 반대일 때도 많다.

프리랜서 일에서 내향성과 성공은 양자택일의 대상이 아니기 때문에 나는 이 책의 제목을《내성적인 프리랜서 괜찮을까요?》라고 지었다. 당신은 내성적인 사람이면서 동시에 훌륭한 프리랜서 경력을 쌓고 풍족한 생활을 누릴 수 있다. 자신을 뜯어고치지 않고도 성공할 수 있다.

이제 그 방법에 대해 자세히 이야기해 보자.

+ 혼자 일하는 것이 좋고 혼자 있는 것을 선호한다면, 당신은 아마 내성적인 사람일 것이다.

+ 내향성은 병이나 성격상의 결함도, 약점도 아니다. 내향성은 강점이다.

+ 프리랜서 일은 내성적인 사람들에게 이상적이지만, 성공하기 위해서는 자신의 강점과 약점을 알아야 한다.

+ 외향적인 사람들이 천하무적은 아니다. 내성적인 사람도 성공할 수 있다.

미래 선택하기

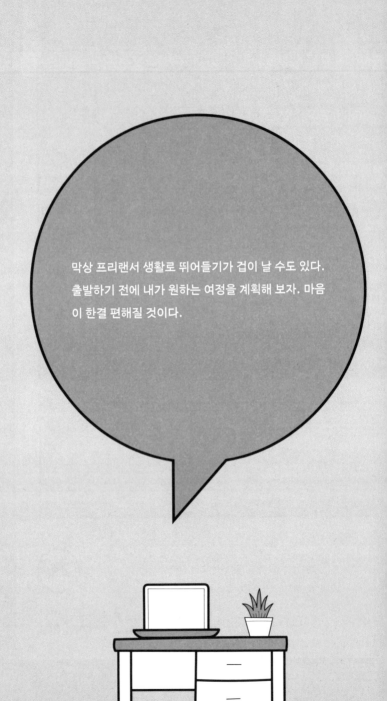

막상 프리랜서 생활로 뛰어들기가 겁이 날 수도 있다. 출발하기 전에 내가 원하는 여정을 계획해 보자. 마음이 한결 편해질 것이다.

무엇을 원하는지 분명히 정한다

당신이 현재 정규직으로 일하고 있다면 없애고 싶은 것(회의, 사내 정치, 동료, 상사)의 측면에서 프리랜서의 삶을 정의할지 모른다. 이런 것들은 우리가 1장에서 살펴봤듯이 내성적인 사람들의 직장 생활을 어렵게 하는 요소이기 때문이다.

하지만 프리랜서로 일하는 것은 단순히 못 볼 꼴에서 벗어나는 것 그 이상이다. 새로운 무언가를 하려는 긍정적인 선택이다. 그러므로 그 결정을 최고로 만들기 위해 내가 원하는 길을 의식적으로 선택해야 한다.

이 장에서는 프리랜서로 일하는 삶에서 무엇을 원하는지, 분명히 해야 할 것에 관해 이야기하려 한다. 제공하고 싶은 기술, 서비스하고 싶은 고객, 얻고 싶은 보상을 살펴보고 그것들을 모두 종합해 당신은 미션 선언문을 쓸 것이다.

쓰는 것이 중요한 이유는 강력한 영향력을 발휘하기 때문이다. 목표를 글로 적으면 실현할 가능성이 훨씬 더 커진다. 허황된 말처럼 들릴지도 모르지만 정말이다. 믿어도 좋다.

이 장을 읽는 동안 당신의 생각을 알아차려라. 특히 자신의 내성적인 성격에 관한 생각이나 느낌 때문에 스스로 야망을 축소하고 있지는 않은지 살펴보자. 지금은 목표를 실현할 방법에 대해서는 걱정하지 말고 넓고 크게 생각하자.

나만의 기술 파악하기

프리랜서로 일한다는 것은 자신의 기술을 파는 것이다. 따라서 첫 번째 단계는 기존 직장에서 경험했던 역량을 결합해 어떻게 새로운 프리랜서 직무를 만들 수 있을지를 생각하는 것이다.

그러기 위해서는 지금까지 재직했던 모든 직장을 떠올리며 맡았던 일들을 모두 적어라. 우선은 '어떤 일을 했는지'에만 집중하라. 어떤 일이든 고객의 관심을 끌지 못할 것 같다는 이유로 배제하지 말라.

다음은 직장 밖에서의 생활에 대해 생각하라. 당신에게 어떤 재능이 있는가? 취미나 관심사를 통해 무엇을 배웠는가? 다시 말하지만, '넓고 크게' 생각하라.

또한 반드시 '메타^Meta' 기술, 다시 말해 다른 기술을 지원하는 능력을 포함하라. 예를 들어, 언어학습 플랫폼인 듀오링고에서

스페인어를 배웠다면 단순히 언어 하나만 배운 것이 아니다. 시간을 관리하는 방법, 장기간에 걸쳐 하나의 과업을 지속하는 방법도 배운 것이다. 그리고 그 능력을 다른 과업 수행에 적용할 수 있다.

내성적인 사람은 자화자찬하는 것을 좋아하지 않아서 자신의 기술과 강점에 대해 말하는 것을 꺼릴 수 있다. 하지만 이것은 비공개 활동이라는 것을 다시 한번 기억하자. 지금이든 나중이든 적은 내용은 누구에게도 보여주지 않고 혼자 간직하면 된다.

지금까지의 직무기술서를 뛰어넘기

임금을 받는 형태의 일을 했던 사람은 자신의 기술을 일자리에 맞추는 것, 다르게 말하면 자신의 능력을 고용주가 고안한 상자 안으로 쑤셔 넣는 일에 익숙해져 있을 것이다.

프리랜서가 되기로 마음을 먹고도 그 상자 안에 계속 머무르면 고객에게 이전 직업과 비슷한 서비스를 제공하거나 자기 스스로 이전 직책과 비슷한 역할을 부여하게 된다. 전 고용주를 상대로 프리랜서로 일하는 것도 같은 결과를 낳을 수 있다.

하지만 당신은 그 상자에서 나올 수 있다. 당신의 기술이 생각했던 것보다 더 널리 쓰일 수도 있다. 게다가 프리랜서는 완전히 새로운 뭔가를 제공하기 위해 자신의 기술을 어떻게 발전시키고, 확장하고, 재결합할지에 제한이 없다. 이것이 바로 '기술 전환^{Skills} ^{Translation}'이다. 특정 장소, 특정 시간, 특정 방식에서 유용했던 기술을 새로운 상황에 맞게 재해석하는 것이다.

첫 번째 단계로, 직무기술서에 적힌 각 항목을 일반적인 기술로 바꾸어 보자. 예를 들어, 과업 중 하나가 보도자료 쓰기였다면 그것을 '마케팅 콘텐츠 제작'으로 기술할 수 있다. 가끔 팀 회의를 이끌었다면 그것을 '많은 사람 앞에서 발표하기'로 표현할 수 있다. 그 밖에도 다양하게 생각해 보자.

나의 숨겨진 자질 찾아내기

마지막으로, 개인적인 자질과 관련된 기술이 있는지 생각해 보라. 창의력, 진취성, 수평적 사고, 결단력을 보여 준 적이 있는가? 까다로운 상황을 해결하거나 압박감 속에서도 품위를 잃지 않은 경험이 있는가? 그것을 모두 써라.

잘 모르겠다면, 당신을 잘 아는 사람들에게 당신의 긍정적인 특성이 뭐라고 생각하는지 묻는 것도 좋다. 내성적인 사람은 천성적으로 겸손해서 칭찬을 과소평가하거나 아예 무시하는 경향이 있다. 따라서 사람들이 하는 말을 반드시 귀 기울여 듣고 그냥 친절해서 하는 말이라고 생각되거나 듣기 좋은 소리로 하는 말이라고 생각되더라도 수용하라.

자질에 대해 생각할 때 자신의 내성적인 측면을 긍정적인 말로 표현하라. 예를 들어, 직장에서 '내성적이다', '조용하다'와 같은 자질은 대개 강점으로 보이지 않는다. 따라서 그런 말 대신에 '집중을 잘한다', '사려 깊다', '성실하다', '독립적이다'와 같은 말로 표현하면 좋다.

프리랜서로서 어떤 일을 할 것인가?

이제 당신의 모든 기술과 자질을 따로따로 각각의 종이에 적고 종이들을 이리저리 뒤섞어 보라. 그것들을 어떻게 새로운 방식으로 결합할 수 있을까?

예를 들어, 그래픽 디자인과 프로젝트 계획 기술을 갖고 있고, 독립적으로 학습하는 능력이 있으며, 기계 장치와 기술에 큰 관심이 있다고 하자. 그것들을 결합하면 웹 디자인이나 제품 디자인 분야에서 새로운 기술을 만들어 낼 수 있다.

또는 이벤트 플래너로 일하고 있지만 정말 좋아하는 것은 요리라고 하면, 두 영역의 지식을 결합해 행사를 위한 출장 연회 서비스를 생각해 볼 수 있다.

해야 하는 것만 생각하는 게 아니라 할 수 있는 모든 것을 곰곰이 생각하는 시간을 가져라. 실현 가능성이 없어 보이는 아이디어도 있을 것이고, 서로 양립할 수 없는 아이디어도 있을 것이다. 그래도 괜찮다. 그다음 단계에서 어느 정도 현실성을 추가해 고려하면 된다.

프리랜서로서 하는 일이 '단 한 가지'일 필요는 없다. 이 점을 기억하자. 두 개 이상의 역할로 포트폴리오 커리어를 구성할 수도 있다. 서로 연관성이 있을 수도 있고 완전히 다른 일일 수도 있다. 예를 들어, 일하는 시간 중 반은 컴퓨터를 고치고 나머지 반은 클라리넷을 가르칠 수 있다. 이런 접근 방식은 달걀을 한 바구니에 담지 않는다는 장점이 있다. 하지만 한꺼번에 너무 여러 가지 일을 하려다가 어느 하나도 제대로 하지 못할 위험도 있다.

이용하면서 부족하다고 느꼈던 서비스에 대해 생각해 보는 것도 좋겠다. 내가 한다면 더 잘할 수 있을까? 괜찮은 아이템인데 더 많은 사람이 이용할 수 있게 개선할 수 있을까? 고객에게 도움이 되도록 두 가지 이상의 서비스를 결합할 수 있을까? 3장에서 이야기하겠지만 다른 사람과 협업할 수도 있다.

당신이 배운 것을 공유하는 일을 할 수도 있다. 자전거 타기를 좋아하면 다른 사람들이 자전거를 잘 탈 수 있도록 도와주는 일을 하는 것이다. 사람들과 대면해야 하는 일이기는 하지만 단기간, 일대일로 한다면 괜찮을 수도 있다.

내향성 때문에 생각 자체를 제한하지 말자. 이 점이 중요하다. 예를 들어, '더 많이 판매하고 싶지만 부끄러움을 너무 많이 타서 전화를 못 건다'와 같은 생각은 하지 말자. 우선은 '더 많이 판매하고 싶다'라는 생각에만 집중하자. 생각을 가로막는 제한 요소들은 나중의 일로 남겨 두자. 시작하기 전에는 알 수 없는, 우회하는 방법이 있을 수도 있다.

고객을 어떻게 도울 것인가?

사람들이 프리랜서에게 일을 의뢰하는 방식은 다음과 같이 여러 가지 형태일 수 있다.

- 가장 단순한 단계는 '위임'이다. 고객은 현재 어떤 일을 직접 하지만 하지 않을 수 있다면 더 좋아할 것이다. 그러니 그 일을 프리랜서에게 맡기도록 설득하기만 하면 된다. 정원 관리

나 집 청소 같은 서비스가 이 범주에 해당된다.

- 그다음으로 높은 단계가 '전문가의 도움'이 필요한 고객이다. 고객은 그 일을 직접 할 수 없거나, 또는 적어도 잘하지 못한다는 것을 알고 전문가를 찾는다. 내 경우를 예로 들면, 고객들이 마케팅 자료를 직접 쓰는 것보다 내게 맡겨 더 나은 결과물을 얻으려 할 때, 자신의 학술 논문 교정을 요청할 때 등이다.

- 그다음으로 '해결책을 찾아야 하는 문제'가 있는 고객의 경우다. 어떤 고객은 도움이 필요하지만 도움을 받을 수 있는지, 어디에 도움을 구해야 할지 모를 수 있다. 예를 들어, 결혼을 앞둔 커플 중에 결혼식에 관한 모든 절차를 대행해 주는 프리랜서 웨딩 플래너가 있다는 사실을 모를 수 있다. 그들이 이런 일을 하는 프리랜서가 있다는 것을 알고 찾아오게 하려면 더 열심히 노력해야 할 것이다.

- 마지막으로, 스스로 일을 처리하기 위해 '당신의 지식을 원하는 학습자들'이 있다. 사실상 어떤 기술은 다른 사람에게 가르칠 수 있고, 가르치는 방법도 다양하다. 일대일이나 소규모 그룹으로, 또는 온라인이나 서면으로 가르칠 수 있다. 많은 프리

랜서가 기술을 실제로 사용하는 것보다 가르치는 게 수익성이 더 높다고 생각한다.

때때로 이 방식들은 서로 결합될 수 있다. 예를 들어, 당신이 소규모 회사의 온라인 활동을 돕는 소셜 미디어 컨설턴트라면 회사가 현재 하는 몇 가지 일을 대신할 수 있다. 전문가로서 조언 하거나 그들이 직접 실행에 옮길 만한 아이디어를 공유할 수도 있다.

누구를 대상으로 할 것인가?

무엇을 하고 싶은지 안다는 것은 훌륭한 일이다. 하지만 그것만 으로 프리랜서가 될 수는 없다. 고객이 필요하다. 그래서 다음 단 계는 누가 당신의 서비스를 원하고, 기꺼이 값을 치를지에 대해 생각해야 한다.

당신의 경험에 기반해 특정 유형의 고객을 대상으로 특화된 서비스를 제공하는 것을 권하고 싶다. 예를 들면, 금융 부문의 고 객들에게 경영 자문 서비스를 제공하거나 고택 소유주들에게 인 테리어 디자인과 관련된 서비스를 제공하는 일 등이다.

일하는 위치는 일의 종류나 고객의 유형에 따라 중요하기도 하고, 그렇지 않을 수 있다. 나는 카피라이터로서 영어를 쓰는 고객이라면 전 세계 거의 모든 곳에 있는 고객들에게 서비스할 수 있다. 하지만 도장이나 도배를 한다면 아마 고객의 범위를 100km 정도로 제한하고 싶을 것이다.

어떤 고객을 대상으로 할 것인지 당신의 생각을 간단한 고객 프로필로 정리하라.

예를 들어, IT 컨설턴트라면 이상적인 고객을 런던 중심부에서 반경 100km 이내에 있고, 20~50대의 워크스테이션을 사용하는 중소기업으로 정의할 수 있다.

우리가 고객을 선택하는 게 아니라 고객이 우리를 선택하는 것이므로 이렇게 하는 게 좀 무의미하다고 생각할 수도 있다. 또 내성적인 사람은 프리랜서 사업을 자기 뜻대로 하려고 애쓰기보다 시장에 맞추는 것을 더 편하게 느낄 수도 있다. 그러나 구매 결정은 고객이 하지만, 당신에게도 선택권이 있다.

예를 들어, 어떤 새로운 비즈니스가 추구할 가치가 있는지, 또는 어떤 고객을 위해 특별히 더 애를 쓸 만한 일인지 결정하는 데 도움이 된다. 따라서 당신은 고객이 가장 큰 이익을 얻는 쪽으로 노력을 기울일 수 있다. 그리고 상황이 원하는 바대로 흘러가지 않더라도 자신이 무엇을 선호하는지 알고 있는 것은 바람직하다.

이렇듯 고객에 대해 적극적으로 생각하는 것은 당신이 '누구를 위해 일할 것인지 선택할 수 있다'라는 사실을 상기시켜 준다. 그만큼 가치 있는 일이다. 5장에서 이것에 대해 다시 이야기할 것이다.

얼마를 벌 것인가?

잠깐, 이게 무슨 말인가? 프리랜서로서 얼마를 벌지 선택할 수 있단 말인가?

그렇다. 선택할 수 있다. 그리고 그것이 당신이 해야 할 중요한 선택 중 하나다. 임금을 받는 일을 할 때는 고용주가 주는 만큼 번다. 물론, 인상을 요구할 수 있지만, 고용주가 동의해야만 인상된 임금을 받을 수 있다.

프리랜서로 일할 때는 이와 완전히 다르다. 어느 정도까지는 소득이 자신의 기술과 경험에 기초한다. 그러나 고객이 그런 것들을 어떻게 인식하는지에 따라 달라지고, 당신의 성격과 접근 방식도 소득에 크게 영향을 미친다.

게다가 합의되거나 정해진 것은 아무것도 없다. 단돈 한 푼이라도 더 벌려면 뛰어다녀야 하고 모든 거래를 직접 성사시켜야 한다. 누구도 요구하는 것보다 더 많이 내놓지는 않을 것이고 미래에 대해 보장할 수 있는 것은 거의 없다. 그것이 걱정스러울 수 있지만 그래서 자유롭기도 하다. 7장에서 가격 책정에 대해 다시 이야기할 것이다.

우선은 그저 얼마를 벌고 싶은지에 대해 '야심 찬 목표'를 정하라. 이것은 손에 닿지는 않지만, 시야에는 들어오는 정도를 의미한다. 달성할지 확신할 수 없지만, 그만큼 번다고 생각만 해도 흥분되어 가슴이 약간 두근거린다면 그 정도가 아마도 알맞은 목표일 것이다.

월급 생활에서 벗어날 것이므로 월급을 기준으로 목표를 정하지 말라. 그것은 고용주가 만든 상자 안으로 다시 들어가는 것이다. 전에 얼마를 벌었는지가 프리랜서 소득에 반영되어야 할 이유는 하나도 없다.

또 프리랜서가 된다는 것은 작은 사업체가 된다는 의미임을 기억하라. 소득에서 장비, 보험, 회계 지원, 그리고 어쩌면 부동산 비용을 충당해야 한다. 병가나 휴일에 대해서는 보수를 받지 못한다. 따라서 소득이 사실 월급이라기보다 매출액이다.

프리랜서에게 월급에 가장 가까운 개념은 이익이다. 이것은 모든 비용을 충당하고 남은 금액이다.

일 외에 무엇을 하고 싶은가?

오전 9시부터 오후 6시까지 일해야 하는 직업과 달리 프리랜서는 평일 몇 시부터 몇 시까지 반드시 일해야 한다는 규칙이 없다. 가족이나 친구와 일이 있거나, 다른 일정이 있을 때 일하는 시간을 조정할 수 있다는 점이 가장 매력적이다. 따라서 프리랜서 계획을 세울 때 이러한 부분까지 포함해 생각할 수 있다.

미리 계획하는 이유는 그렇게 하지 않으면 상황이 바라는 대로 전개되지 않을 수 있기 때문이다. 예를 들어, 집에서 일한다면 예상했던 것보다 해야 할 집안일이 너무 많아서 취미 생활은커녕 과로하게 될 수도 있다. 또 계획이 모두 일로만 채워진다면 정말 계획대로 '일만 하고 놀지 않는' 삶을 살게 될 수도 있다.

성공한 프리랜서를 롤모델로

1장에서 나는 내성적이지만 성공적인 프리랜서 경력을 가진 사람들을 부러워했었다고 이야기했다.

그 후 프리랜서를 시작할 때, 나는 그 사람들을 일종의 롤모델로 삼았다. 그들은 일의 방식, 돈, 여가 측면에서 내가 열망하는

라이프 스타일을 실현하고 있었다. 나는 그들처럼 되고 싶었다.

신경 언어 프로그래밍(NLP, Neuro-Linguistic Programming)은 다른 사람들의 성공을 본받기 위한 지름길로 그들의 행동을 모델로 삼을 것을 추천한다. 그들이 하거나 했던 모든 것을 배우려고 애쓰는 대신, 단순하게 그들의 행동을 모델로 삼아 최대한 따라 하는 것이다. 그렇게 하고 있을 때 잠재의식이 저절로 필요한 지식을 흡수한다.

다른 사람을 롤모델로 삼으면 완전한 미지의 세계로 뛰어들지 않아도 된다는 장점이 있다. 즉, 앞서간 사람들을 통해 그들이 겪은 세부 사항들을 구체적이고 생생하게 볼 수 있으므로, 프리랜서로서 당신의 미래를 어느 정도 예상할 수 있다. 당신의 이야기를 백지에 쓰는 대신, 다른 누군가의 구체적인 이야기를 빌려옴으로써 좀 더 쉽게 시작할 수 있다.

원하는 미래를 글로 쓴다

프리랜서로서 당신의 인생에 관한 중대한 질문들에 대답하고, 그 대답을 종합해 미래에 관해 서술하라. 다음의 항목들에 초점을 둔다.

- 어떤 기술을 제공하는지
- 어떤 고객이 대상인지
- 얼마나 벌고 싶은지
- 일 이외의 삶과 조화를 이룰 수 있는지
- 모방하거나 롤모델로 삼고 싶은 사람들은 누구인지

나는 이벤트 관리에 능숙하고 평생 요리를 즐겼다. 그걸 기반으로 팝업 버거 가판대로 생계를 꾸려 이벤트나 파티에서 음식을 제공할 것이다. 내 고객은 이벤트당 80만 원의 기본요금을 낼 의사를 가진, 반경 100km 내에 있는 사람으로 예상한다. 시작하고 첫 1년이 될 즈음에는 일주일에 두 번, 이벤트에서 음식을 제공하고 1년에 약 8,000만 원을 벌면서 3주의 휴가를 보내고 싶다. 그다음엔 요금을 올리고, 함께 일할 사람을 뽑을 것이다. 그렇게 해서 직접 진행하는 이벤트를 줄이고 아이들과 더 많은 시간을 보내고 싶다.

이렇게 자신의 미래를 그리는 글을 써 보자. 앞에서 말했듯이 글에는 놀라운 힘이 있다. 그래서 미래에 대해 그저 생각만 하는 것이 아니라 실제로 글로 쓰는 게 중요하다. 쓴 것을 꼭 다시 볼 필요는 없다. 잘 보관만 하자.

스토리텔링의 힘

미래를 쓰는 또 다른 방법은 '스토리텔링의 형태'로 쓰는 것이다. 과거 이야기에서 시작해 어떻게 지금에 이르렀는지 설명한 다음, 미래까지 이야기를 이어가는 것이다.

이것은 삶의 우여곡절을 정리함으로써 자신의 경험 속에서 배운 것을 다시 한번 돌아보게 한다. 또한 일에 혼신의 노력을 다하는 자신의 가치관, 즉 프리랜서 삶을 선택한 이유를 분명하게 보여줄 것이다.

이야기가 훌륭한 문학 작품과 같을 필요는 없다. 사실이고, 분명하고, 의미 있기만 하면 된다. 예를 들어, 앞에서 작성한 미래의 계획을 이야기 형태로 써 보자.

나는 내가 기억할 수 있는 어린 시절부터 요리를 좋아했다. 특히 사람들이 모이는 파티를 위한 요리를 좋아한다. 대학 졸업 후 요리사 훈련을 받고 싶었지만 일이 잘 풀리지 않았고, 이벤트 관리 분야에서 일하게 되었다. 이제 10년이 지났고 처음 좋아했던 일로 돌아갈 준비가 되었다. 나는 맛있는 버거를 파는 팝업 가판대를 시작해 파티나 이벤트에 음식을 제공해 주최자를 돕는 역할을 할 것이다. 가까운 미래에 메뉴를 추가하고 거래처를 늘리고 같이 일할 멤버를 뽑을 계획도 있다.

이야기는 직접적인 서술보다 훨씬 더 생생하고 인상적이다. 다른 사람들은 보지 않는다고 해도 아마 자기 자신에게 더 영감을 줄 것이다. 내성적인 사람으로서 어떻게 자신의 기술을 밖으로 드러내고 자신의 가치를 세상에 알릴 수 있는지 나아갈 길을 제시하기도 한다. 이것에 대해서는 6장에서 탐구할 것이다.

이런 이야기는 링크트인의 프로필이나 어바웃미 페이지에서 마케팅 역할을 할 수 있다. 고객이 "어떤 일 하셨는지 조금 얘기해 주시겠어요?"라고 물을때 대답하는 데 도움이 된다. 내성적인 사람들이 대부분 그렇듯 속을 잘 드러내기 어렵다면 이러한 약간의 준비를 통해 원하는 것을 드러낼 수 있는 자신감을 키울 수 있다.

끌어당김의 법칙 활용하기

끌어당김의 법칙은 당신이 무엇에 집중하든 그것이 현실이 된다고 말한다. 미래를 생생하게 상상할 때 그런 미래를 맞이할 가능성이 더 커진다.

내가 왜 이 책에 신비주의 비슷한 사상을 공유하고 있을까? 진짜 효과가 있기 때문이다.

나는 프리랜서 일을 시작하며 미래가 어떤 모습이길 원하는지, 비전을 글로 옮겼다. 삶의 두 가지 측면, 말하자면 업무 공간, 고객, 소득뿐 아니라 친구 관계, 가정생활, 여가에 관해 썼다.

나는 비전을 완성하자마자 파일을 닫고 거의 잊어버리고 살았다. 그러나 그 후 수년에 걸쳐 서서히, 그러나 확실하게 그 비전이 실현되었다. 그것이 아무튼 내 무의식에 뿌리를 내리고 내 선택을 이끌었고 내가 삶에서 원하는 것들을 끌어들일 수 있게 했다.

끌어당김의 법칙이 효력을 나타내게 하려면 다음과 같이 해보자.

- 구체적이어야 한다.

정확히 어떤 일이 일어나길 바라는지를 분명히 하고, 그것을 감각적, 세부적으로 서술하라. 꿈이 이뤄졌을 때 당신이 보고, 듣고, 만지고, 맛보고, 냄새 맡을 것에 대해 상상하고 글로 써라. 원하는 것의 이미지를 찾거나 만들어라. 사무실, 집, 여행, 무엇이든 상관없다. 나는 심지어 미래의 예금 계좌 명세서 이미지까지 만들었다. 가능한 한 당신의 미래를 현실로 만들어라.

- 상대적이 아니라 절대적인 기준을 정하라.

'더 많은 고객'이라는 말은 고객이 딱 1명 더 많은 상황을 의미할 수 있다. '더 많은 돈'은 딱 1파운드 더 많은 돈을 의미할 수 있다. '더 많은 자유 시간'은 딱 1시간 더 많은 것일 수 있다. 얼마나 많은 것을 원하는지 분명히 하라. 예를 들어, 고객 10명 증가, 소득 10,000파운드 증가, 일주일에 10시간의 자유 시간과 같이 말하라.

• 야심 차지만, 현실적이어야 한다.

목표는 '손에 닿지는 않지만, 시야에는 들어오는 것'이어야 한다. 대담하지만 벅차지는 않아야 한다. 실제로 그걸 이룰 수 있을지는 확신할 수 없지만, 그래도 그걸 할 수 있다는 생각에 흥분되는 것이어야 한다.

그리고 몇 가지 염두에 두어야 할 사항이 있다.

• 결과가 아니라 기회를 끌어당기는 것이다.

다시 말해, 비전을 현실로 만들기 위해서는 여전히 노력이 필요하다. 당신이 현금을 원한다고 해서 그것이 리본 달린 선물 상자에 담겨서 도착하지는 않을 것이다. 그 대신 돈을 벌 기회가 생길 것이다. 당신이 행복하고 충성스러운 고객들을 원한다면 그들과 계약을 맺고 가치를 제공해야 할 것이다.

- 무엇을 바라는지 정할 땐 신중해야 한다.

끌어당김의 법칙은 좋은 쪽으로든 나쁜 쪽으로든 효과가 있다. 결과와는 상관이 없다. 한번은 달성이 가능한지 확신할 수 없는 소득 목표를 정한 적이 있었다. 결과적으로는 달성했지만 매우 고단한 한 해를 보냈고, 다시 돌아간다면 그런 목표를 다시 세울 수 있을까 심각하게 고민했다.

- 끌어당김은 신비로운 방식으로 일어난다.

비전은 예상치 못한 사건을 통해, 예상치 못한 시간에, 예상치 못한 사람들과 함께 실현될 수도 있다. 당신은 그것을 운이나 우연이라고 부르고 싶을 수도 있다. 어쩌면 정말로 운이나 우연일지 모른다. 그러나 중요한 것은 준비된 자에게 기회가 온다는 사실이다. 기회를 잡는 첫 단계는 그것을 알아차리는 것이다. 목표를 분명하게 말함으로써 그 목표를 달성하게 할 미래의 선택에 마음이 움직이게 된다.

끌어당김의 법칙의 가장 좋은 점은 계속 목적지에 집중할 수 있게 도와준다는 것이다. 프리랜서가 되면 고객을 응대하거나 일과 가정 사이에서 저글링 하듯 끝없이 이어지는 현실에 매몰되기 쉽다. 때때로 자신이 무엇을 위해 그 모든 일을 하고 있는지를 떠올려야 한다.

우리는 지금까지 비전을 결정했다. 이제 그것을 현실로 만들 차례다. 바로 그 방법에 대해 이어지는 몇 개의 장에서 탐구할 것이다.

핵심 정리하기

+ 프리랜서 일에서 무엇을 원하고, 결국 어디로 가고 싶은지를 분명하게 정하라. 목적지 없이 출발하지 말라.

+ 자신의 기술과 자질을 '모두' 살피고 그것을 이용해 어떻게 고객들을 도울 수 있는지 알아내라.

+ 무슨 일을 하고 싶은지, 누구를 위해 일할지, 그 일을 해서 얼마를 벌고 싶은지 분명하게 정하라.

+ 원하는 미래를 글로 작성함으로써 실현 가능성을 높여라.

+ 막연하고 상대적인 목표가 아닌 구체적이고 절대적인 목표를 정하라.

（3장）

사업 준비하기

이제 프리랜서로서의 새로운 인생을 준비하기 위해 구체적인 사항을 점검하자. 어디에서 어떻게 일하고, 누구에게 도움을 구하고, 어떻게 일과 생활을 분리할지 생각하자.

업무 공간은 왜 중요할까?

우선 일하는 장소를 정해야 한다. 크게 두 가지 중에서 선택할 수 있는데, 집에서 일하거나 집이 아닌 사무실이나 작업실을 빌리는 방법이다.

집에서 일하는 것이 내성적인 사람들에게 상당히 매력적으로 느껴지는 데에는 여러 가지 이유가 있다.

첫째, 업무 공간의 물건 배치를 원하는 대로 할 수 있다. 책, 음악, 영화, 그림, 정원, 반려동물과 같이 자신에게 의미가 큰 것들을 가까이에 두고 언제든 그것으로부터 힘을 얻을 수 있다.

생각해 보면, 직장에 다닌다는 것은 삶의 대부분을 내 공간이 아닌 다른 사람이 통제하는 영역에서 보낸다는 의미다. 하지만 프리랜서는 자신의 본거지에서 계속 지낼 수 있다. 그것만으로도 일의 진행 상황과는 별개로 완전히 다른 기분으로 일할 수 있다.

둘째, 집중력을 흐트러뜨리거나 방해하는 사람들 없이 일에 몰두할 수 있다. 누군가와 원치 않는 대화를 하게 되는 게 두려워 돌아다니는 것을 자제하지 않아도 된다. 커피를 타거나 파쇄기를 사용하는 동안 말을 거는 사람도 없고, 아무도 만나고 싶지 않을 땐 그렇게 할 수 있다.

단점은 너무 내성적인 사람이 될 수 있다는 것이다. 누군가와 같이 있는 것에 대한 내성이 떨어지거나 사람들과 어울리는 것이 전보다 더 버겁게 느껴질 수도 있다. 그 자체는 그렇게 큰일이 아니지만, 모임이나 회의에 가야 한다면 문제가 될 수 있다. 이런 감정은 마음속에서 큰 걸림돌이 된다. 고객과 몇 번 만나는 것이 프로젝트에 정말 도움이 될 때가 있는데 혼자 일하는 것에 너무 익숙해지면 그런 만남을 피하게 된다.

이렇게 '상호 작용 근육'을 사용하지 않아 그 기능이 위축되는 것을 방지하기 위해서는 어느 정도 대인 관계가 필요하다. 동료 프리랜서를 만나 커피를 마시거나 교문 앞에서 학부모들과 담소를 나누어도 좋고, 해당 전문 분야 협회에서 주관하는 행사에 참석하는 것도 좋다. 혼자 일하는 환경을 벗어나 공통적인 관심사를 가진 사람들과 만나는 자리는 순조롭게 대화할 수 있어 유익하다.

여기까지는 집에서 일할 때 고독하다고 느끼거나 은둔 상태가 될 수 있는 상황을 가정해 말했다. 그러나 집에 다른 사람, 특히 어린자녀가 있을 때는 완전히 다른 이야기가 된다. 따라서 일할 장소를 빌리는 것도 고려해 보면 좋을 것 같다.

업무 공간을 집 바깥에 두는 것은 일상에서 어느 정도 상호 작용을 하며 지내는 좋은 방법이다. 마음이 잘 맞는 프리랜서 동료를 만나거나 잘하면 혹시 새로운 고객을 만날 수도 있다.

하지만 여전히 언제 어디에서 사람들을 만날지 완전히 제어하고 싶다면 사람들의 소음과 잡담 소리에 노출되는 오픈 플랜 오피스가 아닌, 닫을 수 있는 문이 있는 업무 공간을 마련해야 할 것이다.

일하는 공간을 임차하는 것이 큰돈을 투입하는 일로 느껴질 수 있다. 특히 그 대안으로 집에서 일함으로써 별도의 임차비 지출이 없을 때 더욱 그렇게 느낄 것이다. 따라서 할 수 있는 한 가장 융통성 있는 임차 계약(월별 계약 방식이 이상적이다)을 맺는 것이 좋다.

재정상의 걱정을 떨쳐 버리기 위해 비용과 결과를 분명히 할 필요가 있다. 나도 사무실을 빌릴 때 내가 내 무덤을 파고 있는 것은 아닌지 불안했다. 돌이킬 수 없는 재정상의 위기를 맞게 될까 봐 두려웠다. 그래서 임차 기간 동안 예상되는 현금 흐름을 보여주는 간단한 스프레드시트를 만들었다. 기본적으로 들어오는 보수에서 나가는 임대료를 빼는 형식이었는데 두 가지 시나리오를 예상할 수 있었다.

첫 번째 버전에서는 내 월 소득이 제자리걸음이어서 결국 약간의 빚이 생기게 되지만, 두려워할 만큼 많은 빚은 아니었다. 두 번째 버전에서는 내 소득이 어느 시점까지 일정한 속도로 계속 늘어나 시간이 갈수록 임차료의 비중이 점점 작아졌다.

이 두 가지 시나리오 예측을 하고 나서 나는 임대차 계약서에 서명할 용기가 났다. 그리고 결과적으로 실제 소득은 그 두 가지 시나리오 모두를 훨씬 능가했다.

업무 장비는 사업에 대한 투자다

고용주가 노동자에게 적절한 연장을 제공해야 하는 것처럼 당신도 자기 자신에게 일하는 데 필요한 모든 도구(제대로 된 책상과 의자, 성능 좋은 컴퓨터 등)를 제공해야 한다.

이러한 비품을 사는 데는 많은 돈이 들 수도 있다. 특히 한꺼번에 모든 걸 구매하려고 하면 더욱 그럴 것이다. 그러나 이것은 단순한 지출이 아니라 프리랜서 사업에 대한 투자다. 가야 하는 곳으로 당신을 태워 갈 차량을 제작하는 것이다.

제대로 된 장비를 갖추는 것은 심리적으로도 도움이 된다. 예를 들어, 노트북 컴퓨터를 사면 이동하면서도 일할 수 있어 생산성에 큰 차이를 가져올 수 있을 뿐 아니라 원하는 곳에서 일할 수 있으므로 기분도 좋아진다. 또 전문 장비를 구매하면 프리랜서 일이 어떻게 되나 보려고 시험 삼아 해 보는 뭔가가 아니라, 투자할 만한 실질적이고 확실한 사업이어서 시작한다는 것을 다시 한번 상기하게 된다.

어떻게 사업을 시작하든 회계 업무를 처리할 방법이 필요하다. 이것에 대해서는 많은 선택지가 있다.

나는 프리에이전트라는 온라인 플랫폼을 이용한다. 이 플랫폼의 장점 중 하나는 자동으로 청구서에 대한 고객의 지불 여부를 관리한다는 것이다. 청구서 지불이 연체되면 지불할 때까지 시스템이 주기적으로 독촉장을 보낸다. 나는 이것을 이용하기 전엔 고객의 마음을 상하게 하기 싫어서 연체 관리를 미루곤 했다. 그런 유의 요령을 피우면 너무 비싼 대가를 치르게 된다.

갖춰야 할 또 다른 중요한 업무 장비는 계약서 또는 일련의 계약 조건이다.

이것은 고객에게 프리랜서 일에 대한 법적 근거를 제시하는 것으로 무엇을 하고 무엇을 하지 않을 것인지, 의견이 충돌할 때는 어떻게 해결할 것인지, 완료된 작업에 대한 지적 재산권은 누구에게 있는지와 같은 내용을 포함한다. 계약서를 제대로 갖추게 되면 일이 잘못되었을 때 의견을 내세우면서 어떻게 할 것인지를 싸우는 대신 계약서를 꺼내기만 하면 된다. 계약서가 당신을 대신해 일하는 것이다.

건강을 돌보는 습관 만들기

프리랜서 일의 상당수는 머리로 하는 일이다. 하지만 프리랜서는 통 속의 뇌(사고 실험에 사용되는 요소 중 하나로 몸에서 떼어내 통 속에 넣은 뇌를 의미한다)가 아니다. 정신과 몸은 하나의 시스템을 이루는 두 반쪽이므로 둘 다 좋은 상태를 유지해야만 한다.

집에서 일하면 건강에 소홀하기 쉽다. 그렇게 되면 기분은 물론, 일의 품질에 영향을 미칠 수 있다. 프리랜서로 일하는 것은 체력과 기운을 요구하기 때문에 건강이 성공을 뒷받침한다.

즐길 수 있는 운동을 선택하고 하루 중 일정한 시간을 운동에 할애하자. 내성적인 사람들은 아마도 달리기나 자전거 타기처럼 혼자 할 수 있는 운동이 익숙할 것이다. 나는 개인적으로 아침에 일어나자마자 하는 운동이 가장 유익하다고 생각한다. 아침 운동은 균형감을 느낄 수 있고 정신을 각성하게 해 이것이 하루 내내 지속된다.

수면은 신체 건강과 정신 건강 모두에 중대한 영향을 미치므로 반드시 충분히 자야 한다. 수면으로 내일을 보낼 힘을 얻을 수 있을 뿐만 아니라 자는 동안에 무의식이 문제를 해결해 주기도 한다. 문제가 해결되지 않은 채로 잠을 청하는 것이 문제를 해결하려고 밤늦게까지 애쓰는 것보다 훨씬 더 생산적일 때가 많다.

스트레스 관리하기

혼자 일할 때 발생할 수 있는 가장 큰 정신적인 위험 요소는 바로 스트레스다.

내성적인 사람은 혼자 일할 때 행복하다. 사실, 일에 완전히 몰두하는 것에서 편안함을 느낀다. 그러나 다른 한편으로는 일에 너무 깊이 빠져들어서 균형감을 잃게 될 때도 있다.

이렇게 되면 쉽게 극복할 수 있는 문제들을 지나치게 부풀려 생각하게 된다. 고객의 의도를 추측하거나 고객의 말이나 행동을 확대해 해석한다. 그것에 점점 더 몰두하게 되고, 내성적인 탓에 도움을 구하기보다 혼자서 문제를 끌어안고 고민한다.

균형감을 회복하는 가장 간단한 방법은 고객과 실제로 이야기하는 것이다. 당신이 며칠 동안 두려워하던 전화 통화가 생각보다 훨씬 더 쉽고, 훨씬 더 도움이 되는 경우가 많다. 심지어 고객도 사실은 그 문제로 고민하고 있었다는 것을 알게 될 때도 있다. 그 전화 통화가 두 사람 모두의 문제를 해결하는 역할을 할 수 있다.

그 외에도 조금이라도 자기 시간을 가지는 것이 바람직하다. 쓸데없이 지나간 일을 후회하면서 앉아만 있지 말라. 컴퓨터에서 떨어져 기기를 내려놓아라. 이상적인 방법으로는 자연 친화적인 환경 속으로 산책하러 가는 것이다. 그렇게 할 수 없는 상황이라면 일하는 공간만이라도 벗어나자. 뇌를 전환하기 위해 음악을 듣거나 TV를 잠깐 보는 것도 좋다.

스트레스를 해소하는 또 다른 좋은 방법은 과거의 경험을 되돌아보는 것이다. 내 동료는 내가 업무량 때문에 스트레스를 받기 시작하면 과거에 항상 일이 잘 풀렸다는 사실을 언급하곤 했다. 물론 그 일들이 그냥 저절로 잘 풀린 것은 아니지만(마감 기일을 지키기 위해 피똥 싸게 일했다) 도움이 된다. 이전에 이런 상황을 이겨낸 적이 있으니 또 한 번 이겨낼 수 있다고 마음을 다잡게 된다.

자신의 능력을 확신하지 못해 불안하다면, 직장이나 다른 어딘가에서 새로운 도전을 맞닥뜨려 그것을 극복하는 방법을 배웠을 때를 돌이켜 생각해 보자. 지금 당장 무엇을 해야 할지는 모를 수 있지만, 그것을 어떻게 알아낼지는 이미 알고 있다. 당신은 이

전에 '모르는 상태'에서 '아는 상태'로 옮겨갔었고 이번에도 그렇게 할 수 있다(8장에서 이것에 대해 더 이야기할 것이다).

시간의 압박이 있을 때는 문제가 훨씬 더 심각하게 느껴진다. 다음 장에서 시간 관리에 대해 살펴볼 것이다.

만약 정신적 문제가 너무 버겁게 느껴진다면 전문가의 도움을 구하라. 일에 시달린다는 느낌과 극도의 불안이나 우울 증상은 다르다. 부정적인 감정이 단순한 업무 스트레스보다 더 의미심장한 뭔가로 느껴진다면 의사 또는 상담 전문가를 찾아가야 한다.

필요한 네트워크 구축하기

혼자 일하는 것을 좋아한다고 해서 외로울 필요까지는 없다.

내성적인 사람도 가끔 도움의 손길이 필요하다. 그래서 프리랜서로 일하는 과정에서 나를 지지하고 격려해 주는 네트워크가 필요하다.

친구와 가족은 이 네트워크의 가장 확실한 후보자들이다. 하지만 이들은 당신이 계획하는 새로운 프리랜서 인생의 세부 사항을 다 이해할 수 없을지 모른다. 특히 정규직으로 일하는 사람들이라면 소득이 불안정하다는 점, 실무는 물론 자기 관리 문제까지 해결해야 하는 상황을 이해하기는 어려울 것이다. 따라서 그들의 도움은 감사하게 여기되, 프리랜서 사업 운영에 따른 모든 자초지종을 알아줄 것이라고 기대하지는 말라.

회사에서 일하던 사람이 프리랜서가 되면 전 직장 동료들로부터 큰 지지(어쩌면 일거리)를 받을 수 있다. 그들은 당신이 무엇을 할 수 있는지 아주 잘 알고 있으므로 당신이 제공하는 가치에 대해 자신감을 높일 수 있다. 하나도 변하지 않은 사내 정치에 대해 여전히 불평하는 그들의 모습을 볼 때면 그런 곳을 떠난 것이 역시 잘한 선택이라고 자신의 머리를 쓰다듬어주고 싶어질지 모른다. 그들은 아마도 부러운 마음을 감추기 위해 애쓸 것이다.

다른 프리랜서들도 당신을 응원할 수 있다. 경쟁 상대로 생각한 사람들조차 예상했던 것보다 훨씬 더 친절하고 관대할지 모른다. 그들에게 연락해 일반적인 조언을 구하거나 가격 책정에 관한 귀중한 논의를 하거나 진상 고객에 대해 투덜거리자. 연락할 대상을 완전히 똑같은 일을 하는 사람들로 제한하지 말라. 다른 분야의 프리랜서들에게도 유용한 조언과 견해를 들을 수 있다.

소셜 미디어는 사람을 직접 만날 때의 번거로움이나 시간 소모 없이 키보드만 두드려서 지지를 얻을 수 있는 훌륭한 방법이다. 트위터에서 같은 지역에 사는 프리랜서와 전문가를 팔로우하거나 페이스북에서 참여할 수 있는 그룹을 찾아보라. 링크트인은 일과 프리랜서 활동에 관해 이야기하기 좋다. 그냥 질문을 던지고 답변이 달리는 모습을 지켜보자.

마지막으로, 특정한 일이나 기술에 관련된 단체들을 활용하자. 단체에 가입하면 여러 가지 정보, 특히 재정상의 문제나 법적인 문제와 같이 까다로운 주제에 대한 정보를 얻을 수 있다. 온라인에서 검색하거나 소셜 미디어에 질문하면 적당한 단체를 금방 찾을 수 있을 것이다.

협업 파트너 선택하기

나는 2011년, 벤 로커와 함께 프로페셔널 카피라이터즈 네트워크Professional Copywriters' Network (현 프로카피라이터즈ProCopywriters)를 설립했다.[6]

벤 역시 카피라이터였다. 우리는 비슷한 일을 했지만, 성격은 극과 극으로 달랐다. 나는 꼼꼼한 사람이었던 반면에 벤은 큰 그림에 초점을 맞췄다. 벤이 야심 찬 목표를 세웠다면 나는 그걸 어떻게 달성할지 걱정했다. 벤의 정치 성향은 보수적이었고, 내 정치 성향은 더 진보적이었다. 벤은 교사로 일했고 나는 사무실

°

6 https://www.procopywriters.co.uk

에서 일했었다. 그리고 가장 중요한 차이점을 말하자면, 벤은 자신만만한 외향적인 기질을 타고난 매력적이고 수다스러운 사람이었고, 나는 전형적으로 내성적인 사람이었다.

하지만 우리의 모험이 성공하는 데 이러한 차이점은 걸림돌이 되지 않았다. 이후 몇 년에 걸쳐 우리는 단체의 회원 수를 수백 명까지 늘리고, 웹사이트 방문자 수를 끌어올리고, 연례 회의를 성황리에 개최하며 사업을 성장시켰다. 우리 둘 사이의 차이점에도 불구하고 해낸 것이 아니라 '차이점 때문에' 해낼 수 있었다. 우리 두 사람은 서로의 단점을 보완하면서 각자의 장점을 발휘할 수 있었다. 혼자서는 해낼 수 없었던 일을 함께해낸 것이다.

1장에서 팀워크가 내성적인 사람들에게 항상 효율적이지는 않다는 것을 살펴봤다. 하지만 다른 누군가의 팀에 떠밀려 들어가는 것과 자발적으로 팀을 만드는 것 사이에는 큰 차이가 있다. 또 규모에 따라서도 달라진다. 내성적인 사람에게 여남은 명으로 구성된 팀은 아마 너무 어수선하게 느껴질 것이다. 반면에 한두 명의 멤버로 구성된 팀은 견딜 수 있거나, 사실 꽤 즐길 수도 있을 것이다.

협업의 가장 좋은 점은 파트너를 직접 선택할 기회가 있다는 것이다. 직장 동료는 경영진에 의해 정해지지만, 어떤 프리랜서 파트너와 협업할지는 스스로 완전히 자유롭게 결정할 수 있다.

따라서 나의 내향성을 보완할 뿐만 아니라 존중해 주는 사람, 다시 말해, 자신이 외향적인 사람이라는 것에 행복해하면서도, 외향성이 완벽한 것은 아니라고 생각하는 사람과 일하면 좋을 것이다.

협업하는 방법은 다양하다. 프로젝트별로 고객의 특정 요구를 충족시키기 위해 동료 프리랜서와 파트너가 되어 함께 일할 수 있다. 또는 두 사람의 기술을 결합해 시장에 내놓을 수 있다는 기치 아래 더 오래 지속되는 무언가를 만들 수 있다. 공동 설립 회사와 같이 돈이 많이 들거나 전념해야 할 필요는 없다. 둘의 공동 제안을 홍보하기 위해 사용하는 브랜드나 웹사이트를 만드는 정도가 적당하다.

또 협업 파트너는 당신을 지지하는 중요한 원동력이 된다. 혼자서는 얻을 수 없는 새로운 시각이나 귀중한 피드백을 주고 또는 자신감이 부족할 때 당신을 격려해 줄 수 있다. 내성적인 사람도 때로는 대화할 대상이 필요하다.

어떤 협업을 선택하든 그것은 당신에게 가치를 더해야 한다. 일에 투여되는 노력을 나눈 것만큼 당신에게 이익이 공평하게 돌아오는지 확인하라. 핵심은 '의사소통'이다. 당신과 파트너가 항상 같은 생각을 공유하고 있는지 확인하라. 협업이 매력적이고 수익성이 좋을 때도 있지만 협업하는 사람과의 사이가 자연스럽게 멀어지면 협업도 시들해진다. 만약 그렇게 되더라도 그냥 받아들이면 된다.

아웃소싱 제대로 활용하기

프리랜서에 대한 진부한 생각 중 하나는 프리랜서를 커피 제조부터 장부 정리까지 모든 일을 혼자서 하는 '주방장 겸 잡부' 같은 사람으로 생각하는 것이다. 프리랜서가 혼자서 일하는 것은 분명하지만 혼자서 모든 일을 다 해야 한다는 의미는 아니다. 비즈니스 업무에 필요한 외부 지원을 아웃소싱 형태로 이용할 수 있다.

아웃소싱을 한다는 것은 돈으로 시간을 사는 것이다. 다른 사람에게 어떤 일을 하라고 돈을 지불함으로써 그 일을 하는 데 드는 시간을 산 다음, 그 시간을 더 가치 있는 일을 하는 데 쓰는 것이다. 이렇게 하면 결과적으로 사업이 혼자 꾸준히 일하는 프리랜서 개인에 그치는 게 아니라 여러 영역에서 성장할 수 있다.

아웃소싱은 회계 처리나 계약서 작성처럼 그 일을 더 잘하는 사람에게 맡기는 것이다. 회계 업무나 법을 배우는 데 시간을 쏟아붓고 싶은 게 아니라면 전문가를 고용하는 것이 더 현명하다.

소득 신고서를 작성할 때처럼 정해진 기간만이 아니라 필요할 때마다 그들의 전문 기술을 요청할 수 있다면 가장 좋다.

또는 직접 할 수는 있지만 위임하고 싶은 일도 아웃소싱할 수 있다. 예를 들어, 나는 종종 글 쓰는 데 필요한 정보를 수집하기 위해 전화 인터뷰를 한다. 그리고 한두 시간을 들여 통화 녹음을 직접 글로 옮기는 대신 전문 업체로 보낸다.

내성적인 사람들은 아웃소싱이라는 효율적인 수단을 통해 생산성, 협력, 고독 사이에 훌륭한 균형을 유지할 수 있다. 일단 업무를 아웃소싱하고 나면 누군가 당신을 대신해 그 일을 부지런히 하고 있다는 사실에 꽤 기분이 좋을 것이다. 그러는 동안 당신은 다른 일을 하거나, 평정심과 집중력을 그대로 유지한 채 업무 공간에 앉아있을 수 있다. 팀원처럼 일하지만, 팀에 속하지는 않는 것과 같다.

아웃소싱에 대한 재무적인 계산법은 매우 간단하다. 받는 보수에 비해 적은 비용이 든다면 너무 많이 따질 필요 없이 아웃소싱할 만한 가치가 있다. 때로는 그 거래로 그만큼 벌지 못하더라도 고객을 놓치지 않기 위해 아웃소싱할 수도 있다. 그러나 이런 일이 빈번하지는 않게 하라. 그렇지 않으면 결국 보상도 없이 동시에 많은 일을 감당해야 하는 처지에 놓일 수 있다.

더 도전적인 일일수록 아웃소싱하기가 더 까다롭다. 나를 포함해 많은 프리랜서가 모든 일을 다른 프리랜서에게 맡기고 잠시 휴가를 떠나 종일 바닷가에서 여유를 즐기는 상황을 꿈꾼다. 문제는 괜찮은 가격에 이런 방식으로 기꺼이 일하려는 믿을 만한 파트너를 찾아야 한다는 것이다. 또 파트너가 한 일을 세세하게 확인하지 않고 고객에게 바로 보낼 수 있을 만큼 작업 결과가 만족스러워야 한다. 여기에는 일을 맡긴 파트너가 괜찮을수록 자신이 이러한 진행 과정에서 배제될 위험성이 커진다는 점도 염두에 두어야 한다.

기본적으로 이 길을 따라가면, 1인 사업체가 아닌 작은 회사가 되는 것이고 그것에 수반되는 모든 걸 감당해야 한다. 따라서 이런 방법이 정말 당신이 (특히 내성적인 사람으로서) 원하는 일인지, 아니면 혼자 일하면서 유연성과 통제력을 더 갖고 싶은지 신중하게 생각하라.

확고한 경계 설정하기

정규직 업무에는 매우 분명한 경계선이 있다. 특정 장소에서 정해진 시간에 일한다. 그 장소와 그 시간 외엔 공식적으로 '일하지 않기' 때문에 적어도 이론적으로는 스위치를 *끄*기가 더 쉽다.

프리랜서 생활에서 위험 요소 중 하나는 일이 나머지 다른 생활을 침범하는 경우다. 이 점을 주의하지 않으면 해야 하는 것보다 더 많은 일을 하거나 일에 대해 더 많은 생각을 하게 된다. 그러다 보면 스트레스와 과로에 시달리고 때로는 수준 미달의 결과로 이어지기도 한다. 심지어 좋아하던 일에서마저 완전히 흥미를 잃게 될 수도 있다.

그런 상황이 시작되기 전에 이 모든 걸 방지하기 위해서는 확고한 경계를 설정하라. 그리고 일을 그 상자 안에 안전하게 넣어 두어야 한다.

고려해야 할 경계에는 세 가지 유형이 있다. (장소를 둘러싼) 물리적 경계, (시간을 둘러싼) 시간적 경계, (생각을 둘러싼) 정신적 경계다.

'물리적 경계'는 지정된 장소에서 일하는 것과 관련이 있다. 집에서 일한다면 주방처럼 집에서 가장 수선스러운 중심부에서 멀리 떨어진 곳이 아마도 일하기 가장 좋은 장소일 것이다. 눈에서 멀어지면 마음에서도 멀어지는 법이니 일하지 않을 때 닫을 수 있는 문이 있어야 한다. 그렇지 않으면 화장실에 가다가 책상을 보고 일에 대해 반갑지 않은 생각을 떠올리거나 심지어 '어떤 일을 그냥 끝내 버리기' 위해 다시 책상 앞에 앉게 될 수도 있다.

'시간적 경계'는 일하는 시간을 정하는 것과 관련이 있다. 분명 프리랜서 일의 매력 중 하나는 내가 원하는 시간에 일할 수 있다는 점이다. 그렇더라도 일하는 시간에 대해 어느 정도 기준을 가지고 있으면 좋다. 언제 일을 시작하고 점심시간은 얼마나 가지며 언제 일을 끝낼지 정하라. 하루의 일이 끝날 무렵에 식사 준비나 운동처럼 업무와 무관한 일로 전환하자. 업무를 즉각 끝낼 수 있는 좋은 방법이다.

하루에 일을 얼마나 할 수 있는지 현실적으로 생각하자. 우리가 직장에서 오전 9시부터 오후 6시까지 근무하는 데에는 이유가 있다. 더 길게 일하면 때로 능률이 떨어진다. 더 늦게까지 책상 앞에 앉아 있으면 녹초가 되기 쉽다. 늦게까지 '일하고 있다'고 생각하지만, 사실은 멍한 상태로 아무런 가치도 생산하지 못한다. 지끈거리는 뇌가 더는 일을 하려고 하지 않기 때문이다. 장담하건대 지금 당장 일을 중단하고 하룻밤 푹 자고 나서 아침 일찍 다시 시작하는 것을 목표로 하면 그 일을 훨씬 더 빨리 끝낼 수 있을 것이다.

같은 맥락에서, 주말에 일하는 것을 경계하라. 일정 관리를 잘못했든 고객 때문이든 돈을 벌기 위해서든 프리랜서라면 누구나 그런 경험이 있을 것이다. 나는 주말에 쉬는 시간을 빌려 일하면 그다음 주 주중에 이자를 붙여 갚아야 한다는 사실을 깨달았다.

당신의 머리는 회복할 시간이 필요하고 초과근무를 강요한 자신에게 몹시 분개할 것이다. 주말 근무가 정말로 불가피하다면 명확하게 경계를 설정해 특정 시간 안에 일을 하라. 시간이 다 되면 마무리를 짓고, 그 이후부터는 일을 잊고 남은 주말을 즐겁게 보내자.

마지막으로 실행으로 옮기기 가장 어려운 유형은 '정신적 경계'다. 이것은 실제로 일하고 있지 않을 땐 가능한 한 일에 대해 생각하지 않는다는 의미다. 앞에서 봤듯이 내성적인 사람은 '내부로 시선을 돌리는' 경향이 강하고 일이 해결될 때까지 문제를 끌어안는다. 따라서 정신적으로 경계를 긋는 것이 더 어려울 수도 있다.

앞서 살펴본 물리적, 시간적 경계는 정신적 경계를 지원한다. 예를 들어, 책상을 보지 않으면 '일 생각'이 덜할 것이다. 매일 제 시간에 일을 마치면 저녁이 시작되기 전에 '정신적으로 퇴근'할 수 있다.

그것을 넘어서서 일하지 않는 시간에 일에 대해 생각하지 않겠다고 의식적으로 결단을 내림으로써 머릿속에서 경계를 그어야만 한다. 일 생각이 불쑥 난다면 그것을 인지하고 부드럽게 '내려놓은' 다음, 뭔가 다른 것으로 생각을 전환하라.

술을 좋아하면 술을 마셔 일을 잊고 싶다는 생각이 들기도 한다. 금요일 퇴근 후에 마시는 술이 그런 경우다. 맥주 몇 잔을 앞에 놓고 마음속 응어리를 넋두리로 늘어놓으며 주말을 맞이할 준비를 하는 것이다. 나는 술이 사실은 상당히 불쾌한 방법으로 내 생각과 감정을 정신없이 흔들어서 기분이 더 나빠진다는 것을 경험으로 알게 되었다. 그래서 지금은 술을 문제에 대한 해결책보다 성공에 대한 보상으로 이용하기 위해 애쓰고 있다.

+ 시작할 때부터 제대로 된 업무 공간과 장비를 갖출 수 있도록 투자하라.

+ 자신의 신체 건강과 정신 건강을 돌봐야 한다. 건강이 나빠지면 일에도 문제가 생긴다.

+ 혼자 일하되 혼자 가지 말라. 내성적인 사람에게도 지지해 줄 네트워크가 필요하다.

+ 모든 일을 혼자 다 해야 하는 것은 아니다. 아웃소싱을 하면 원하는 업무수행 방식을 유지하면서 시간을 절약하고 수익 능력을 높일 수 있다.

+ 일이 개인적인 삶의 영역까지 침범하지 않도록 일의 경계를 설정하라. 내향성 때문에 끊임없이 생각에 빠지지 않게 하라.

4장

시간 관리하기

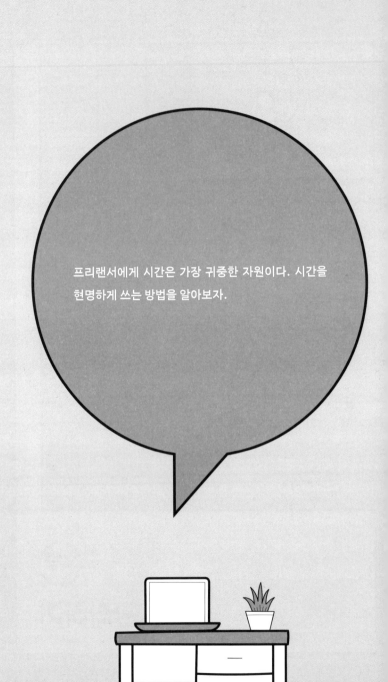

프리랜서에게 시간은 가장 귀중한 자원이다. 시간을 현명하게 쓰는 방법을 알아보자.

프리랜서에게 시간의 의미

프리랜서에게 가장 귀중한 자원은 바로 시간이다. 우리는 시간을 팔고, 오직 일한 시간에 대해 보수를 받는다. 이런 기본적인 의미에서 '시간은 돈'이다.

하지만 시간은 그 이상이기도 하다. 우리는 오전 9시부터 오후 6시까지 작동하는 로봇이 아니다. 더 큰 목표를 향해 나아가려면 기술 개발처럼 다른 것에도 시간을 쓰겠다고 의식적으로 결정을 내려야 한다. 또 열심히 일한 자신을 위해 보상하거나 자신을 돌보는 시간을 가져야 한다.

프리랜서가 되면 나의 시간을 통제할 수 있다. 일정과 마감 시간을 직접 수락하거나 결정한다. 그러나 그러한 자유에는 시간을 현명하게 써야 한다는 책임이 따른다. 그날그날 선택에 따라 당신의 시간은 생산적으로 쓰이거나 낭비되는 갈림길에 서게 된다.

이 장에서 우리는 어떻게 하면 시간을 효과적으로 쓸 수 있는지 살펴볼 것이다.

시간 관리의 세 가지 관점

프리랜서로 일하려면 세 가지 관점에서 시간을 관리할 필요가 있다.

첫 번째는 '장기적인 관점'으로 수년이나 심지어 수십 년 단위로 측정된다. 이것은 프리랜서 경력에서 넓은 범위를 차지하며 우리가 2장에서 만든 비전으로 이어진다. 반드시 그것에 대해 매일매일 생각할 필요는 없다. 그러나 경과를 반영하고, 필요하다면 다시 초점을 맞추기 위해 가끔 확인할 가치가 있다. 같은 방향으로 계속 가면 목적지에 갈 수 있는가? 지금 상황에 변화가 필요한가? 또는 비전부터 다시 생각해야 하는가?

장기적으로 진전 사항을 확인하는 것은 자신감을 쌓는 훌륭한 방법이다. 바쁜 프리랜서 삶에 얽매여 있다고 느낄 때 잠깐 돌아서서 지금까지 걸어온 길을 바라보는 시간을 가져라. 때로는 항상 배우고 있고 항상 초심자인 것처럼 느껴질 수 있지만, 당신은 이미 많은 것을 이뤄냈다는 것을 알게 된다.

두 번째 '중기적인 관점'은 수일, 수 주, 수개월 단위로 측정된다. 이 관점에서 일정을 짜면 어떤 업무가 예정되어 있는지 알 수 있고 고객에게 현실적으로 작업을 완료하는 데 드는 시간을 제시할 수 있다. 나는 맥 컴퓨터의 비지캘을 사용하는데 예정된 이벤트와 그날그날의 해야 할 일 목록을 결합해 보여주므로 편리하다. 심플한 달력이나 다이어리도 충분히 그 역할을 해낼 수 있다.

각각의 일에 시간이 얼마나 걸리는지 기록하는 습관을 지녀라. 그러면 앞으로 그 일들의 일정을 어떻게 잡아야 할지 알 수 있다. 주요 업무 외에도 이메일을 쓰거나 수정 작업, 청구서 발송처럼 '가외로 필요한 업무'에 대해서도 모두 기록해야 한다. 그렇게 하면 각각의 업무에 걸리는 시간을 대략 가늠할 수 있다. 이것은 가격을 산출할 때도 활용할 수 있다(7장 참고).

마지막으로 '단기적인 관점'에서 시간을 관리하자. 이것은 몇 시간이나 며칠 단위로 측정되는데, 매일 해야 할 일과 그날그날 어떤 일을 할 것인지 결정한다. 달력을 다시 보면서 그날 하루가 끝날 때까지 그리고 한 주 동안 무엇을 해내고 싶은지 정한다.

일의 순서를 정하기가 까다로울 수 있다. 때로는 하기 두려워 꺼리는 일부터 해치워버리는 것이 가장 좋다. 하지만 일이 진전된다고 느낄 수 있는 뭔가를 하고 싶은 날도 있다. 이런 날에는 간단한 행정적인 일을 처리하는 것도 도움이 된다.

나는 내성적인 성격 탓에 가격을 제시하거나 완성된 초고를 보내는 일처럼 어떤 종류든 고객과 민감한 상호 작용이 필요한 일은 미루는 경향이 있다.

앞으로 나아가는 것과 생각할 시간을 충분히 가지는 것(이것이 당신에게 무엇을 의미하든) 사이의 균형을 유지할 수 있게 하라.

해야 할 일 목록을 만드는 것은 훌륭하지만 그것만으로 하루가 구조화되지는 않을 것이다. 일단 한 가지 방법을 선택해 실천해 보자. 하루 중 특정 시간에는 특정한 일에 전념하는 것이다.

예를 들어, 이메일을 우편물처럼 처리할 수 있다. 아침에 메일함을 열어보고 모든 메일에 즉시 답을 한다. 그리고 다음 날까지 메일 앱을 켜지 않는다. 이렇게 하면 온종일 메일이 올 때마다 집중력이 흐트러지는 것을 피할 수 있다. 나는 이메일이 오면 바로 확인하는 나쁜 습관이 있다. 빨리 확인하고 잊어버리자는 생각이지만 이메일에 언급된 일이나 정보가 머릿속에 맴돌아서 원래 하고 있던 일에 집중하기 어려울 때도 많다.

오후 6시가 되면 하루 동안 힘들게 일한 자신에게 30분간 소셜 미디어를 허용하는 것으로 보상하는 방법도 있다. 나는 원포커스라는 앱을 이용해 일하는 날 정해진 시간 동안 내가 즐겨 찾는 웹사이트 접속을 차단해서 시간을 허비하는 일을 방지하고 있다.

사람들 대부분은 자신이 어떤 시간대에 더 생산적인지를 알고 있다. 따라서 '진짜 일'을 능력이 절정에 달했을 때 하는 것을 목표로 하자. 나는 아침에 머리가 가장 잘 돌아가기 때문에 창의적인 글을 써야 할 때는 그 일을 제일 먼저 하려고 노력한다. 그래서 때로는 그날 늦게까지 이메일을 확인하지 않기도 한다.

여러 프로젝트를 동시에 진행하고 있다면 '포모도로 기법'을 시도해 보라. 이것은 내성적인 사람의 타고난 집중력을 끌어낼 수 있는 시간 관리 기법이다. 최대한 활용하라.

기본적으로 네다섯 개의 해야 할 일 목록을 만든다. 단순한 기능을 가진 타이머를 구해(휴대 전화를 활용해도 좋다) 30분을 카운트다운 하도록 맞춘다. 그리고 30분 동안 첫 번째 일을 한 다음, 30분 동안 두 번째 일을 하는 식으로, 30분마다 다른 일을 한다. 그렇게 하면 전반적으로 일을 더 빨리 진행하고 있다고 느낄 것이다. 항상 '마감 시간'이 있어서 더 빨리 일하려고 애쓰기 때문이다. 또 다른 일에 집중하고 있을 때도 잠재의식은 여전히 일하고 있어서 그 일로 돌아왔을 때 새로운 아이디어가 기다리고 있는 경우도 종종 있다.

쉴 땐 제대로

휴식을 취하는 것은 매우 중요하다. 휴식에도 앞에서 살펴본 시간 관리의 세 가지 관점이 모두 적용된다.

하루를 기준으로 이야기하면 하루 중에도 휴식이 필요하다. 눈을 편안하게 하고 근육을 스트레칭하고 뇌를 쉬게 해야 한다. 온종일 책상에만 앉아 있으려고 하면 점점 집중력이 떨어진다. 지칠 대로 지치고 기운이 하나도 없다고 느끼며 하루를 마치게 된다. 따라서 일과에 운동이나 분위기 전환, 일 이외의 활동이 반드시 포함되어야 한다.

일주일/한 달을 기준으로 이야기하면 휴일이 며칠 있어야 한다. 프리랜서라고 하면 이론상으로는 원하는 만큼 자유롭게 쉴 수 있지만 실제로는 그렇게 하기가 쉽지 않을 때가 많다. 평소보다 더 바쁘거나 고객의 요구가 강해서 일에 대해 부담을 느낄 때는 특히 그렇다(다음 장에서 거절하는 방법에 관해서도 이야기할 것이다). 하지만 그렇더라도 일 년에 적어도 두 번은, 예를 들어, 여름에 한 번, 크리스마스 무렵에 한 번, '제대로 된' 휴가를 보내야 한다.

휴가 중에는 일을 완전히 놓아야 한다는 주장이 강하다. 하지만 내 경험상, 그렇게 하면 휴가에서 돌아왔을 때 엄청나게 쌓여 있는 이메일을 마주해야 한다. 그중에는 한 줄 답변만으로 해결될 수 있는 고객들의 간단한 문의도 포함되어 있다. 예를 들어, '다음 주에 이 일 맡겨도 될까요?'라는 질문에는 '네, 감사합니다'라고만 답하면 된다. 완전히 신경을 끄는 쪽이 더 즐거울 순 있지만, 이런 점을 염두에 두면 쉽게 실행에 옮길 수 있는 일은 아니다. 게다가 누군가가 내 관심을 원할지 모른다는 생각이 머릿속에서 떠나지 않는다면 오히려 휴가를 망치게 될 수도 있다.

나는 그렇게 되는 것을 막기 위해 휴가 동안 한 번이나 두 번 이메일을 확인한다. 특정 시간에, 보통 이른 저녁 시간에 시원한 맥주를 마시며 확인한다. 스팸 메일을 지우고 고정 고객들을 안심시키고 새로운 잠재 고객들에게는 내가 돌아갈 때까지 가격이나 제안에 대한 회신을 기다려 달라고 요청한다. 그렇게 하면 내 사업에 아무런 지장을 받지 않으면서, 돌아가면 할 일이 있다는 생각에 즐겁게 휴가를 보낼 수 있다.

공식적인 휴가 외에도 그렇게 바쁘지 않을 때는 주중에 여유로운 시간을 가질 수 있다. 나는 그 주에 할 일을 목요일까지 끝낸 다음 금요일에 쉬는 것이 가장 좋다고 생각한다. 여기저기 돌아다니며 쇼핑을 하든, 해변으로 여행을 가든, 교외로 나가 산책을 하든, 자기 자신에게 주는 선물처럼 느껴지는 것이라면 무엇이든 좋다. 당신은 그것을 누릴 자격이 있다.

휴식의 마지막 유형은 한 달 이상의 긴 휴식이다. 이 시간은 최종 목표에 다가가는 큰 진전을 이뤘다고 느낄 때 그동안의 노력에 대한 보상이 될 수 있다. 일이 충분히 안정되었다고 느낄 때, 즉, 폭넓은 고정 고객이라는 확고한 기반이 갖춰지고 재정적인 대비책이 마련된 상태일 때가 좋을 것이다. 이 기간에는 여행을 떠나거나 집을 정비하거나 뭔가 새로운 것을 배울 수 있다. 책을 쓰는 것과 같이 개인적인 프로젝트를 추진할 수도 있다.

사실 나는 이런 유형의 휴식에 대해서는 많은 이야기를 들려줄 수 없다. 15년 이상 프리랜서로 살아왔지만, 아직 이 선택을 한 적이 없다. 나처럼 내 수입에 의존하고 있는 가족이 있다면 쉽게 내릴 수 없는 결정이다. 하지만 그것이 아주 귀중하고 가치 있는 일임을 조금도 의심하지 않는다.

이와 다르기는 하지만 나는 1~2주 정도 일이 없어서 강제로 쉬는 기간을 두어 번 가졌다. 그 이전에 정신없이 바빴을 때, 혹시라도 나에게 이런 상황이 닥치면 기꺼이 받아들이고 뭔가 건설적인 일을 하기 위해 노력하겠다고, 이메일을 확인하고 다시 일할 수 있을지 초조해하며 시간을 낭비하지 않겠다고 다짐한 적이 있었다. 그래서인지 정말 그런 시간이 왔을 때 최선을 다해 그렇게 했다. 그리고 결과적으로 생각했던 것보다 오래 쉬지 않았기 때문에 더 만족스러운 경험이었다. 당신에게도 이런 일이 일어난다면 나처럼 하라고 권하고 싶다.

시간 빨대를 경계할 것

다음 장에서 이야기하겠지만 내성적인 사람들의 경청 기술은 프리랜서 활동에 큰 도움이 된다. 그러나 누구도 그것을 악용할 수 없게 하는 것 또한 중요하다.

'시간 빨대'는 실제로 어떠한 대가도 지불하지 않으면서 당신의 시간을 빼앗는 사람들이다. 어떤 사람들은 당신의 반짝이는 아이디어를 듣고 싶어 한다. 이것의 진짜 의미는 무료 조언을 좀 얻겠다는 것이다. 어떤 사람들은 당신에게 꼭 일을 맡기겠다는 말을 강조한다. 그렇다고 하더라도 그것은 아주 나중의 일이다. 어떤 사람들은 그냥 자기 혼자 떠들기를 좋아하고 당신을 자기 생각과 아이디어, 계획에 대한 공명판으로 이용하고 싶어 한다. 기이하게도 이들은 조언을 구하는 척하면서 이렇게 할 때가 많다.

내 경험으로는 '오로지 업무'에 대해서만 이야기하는 경우가 가장 유익한 연락이었다. 그런 고객들은 일이 처리되는 것에만 관심이 있다. 당신에게 다가갈 때 피상적인 '관계'가 아니라 특정한 '가치의 교환'을 원한다. 따라서 그들은 무엇을 하고 싶은지, 그리고 당신이 어떻게 도와주기를 원하는지 솔직하게 말한다. 그것이 일일 수도 있고 초기 논의일 수도 있지만, 무엇이든 간에 명확하게 제안한다. 사교적인 미팅이 필요하면 그렇다고 말할 것이고, 그 경우는 업무 회의와 분명하게 다를 것이다.

이와 다르게 '시간 빨대'는 애매한 상황을 유지하기 위해 고의로 정보를 숨기고 고객과 프리랜서의 관계에 내재하는 힘의 불균형을 부당하게 이용한다. 예를 들어, 명확하지 않은 프로젝트나 기회를 탐구하기 위해 커피를 마시러 가자고 말할지 모른다. 당신은 일거리를 찾고 있고 그 제안에 동의하는 것이 정보를 더얻을 수 있는 유일한 방법이기 때문에 받아들인다. 그러나 결국예상했던 것과 완전히 다른 종잡을 수 없는 논의에 말려들게 된다. 그 사실을 깨달았을 때는 존재하지도 않았던 기회를 좇는 데당신의 귀중한 아침 시간을 날려 버린 후일 것이다.

잠재적인 고객이나 동료 프리랜서, 친절하게 다가오는 사람들을 만나는 것에는 아무런 문제가 없다. 단지 순수한 접근과 시간을 도둑질하려는 시도를 구별할 줄 알아야 한다.

언제, 왜 집중력이 흐트러지는가?

오늘날 업무 처리 방식의 문제점은 업무에 쓰이는 도구가 우리의 '장난감'이기도 하다는 사실이다. 우리가 컴퓨터가 발명되기 전, 타자기로 일하는 시대에 살고 있다면 일하다 말고 신문을 펼쳐서 읽는 일은 없을 것이다. 그러나 컴퓨터는 그 기능들을 하나의 장치에서 모두 제공하기 때문에 한눈팔기가 너무나 쉽고 자기도 모르게 그렇게 되는 경우도 많다.

우리의 집중을 방해하는 요소로 기술을 탓하기는 쉽지만 사실 정신을 산만하게 하는 것은 우리 자신이다. 우리는 언제나 시시각각으로 무엇을 할지 선택할 수 있다. 기술은 우리에게 이런 기회를 줄 뿐이다.

하루 동안 자기 자신을 관찰해 언제 휴대 전화에 손이 가고 이메일을 확인하고 소셜 미디어에 접속하는지에 주목해 보자. 아마도 특정한 감정 상태일 때(지루할 때, 짜증 날 때, 불안할 때 등) 그렇게 한다는 걸 알게 될 것이다. 그 순간에 하고 싶지 않거나 느끼고 싶지 않고, 생각하고 싶지 않은 것에서 벗어나려고 '집중을 방해하는 수단'을 이용하는 것이다. 그리고 그중 하나를 이용할 수 없으면 아마도 또 다른 수단으로 옮겨갈 것이다.

자신이 어떤 상황에서 집중력이 흐트러지는지 알고 있어야 한다. 이상하게도 뭔가 다른 것에 대해 생각하기 시작할 때 그렇게 되기 쉽다.

내 경우에는 고객에게 내가 한 일을 보낼 때 가장 그렇다. 이때는 고객과 민감한 상호 작용을 해야 하고 일단 보내면 돌이킬 수 없어서 피하는 경향이 있다. 그리곤 바쁘기만 하고 별로 쓸모 없는 일이나 비 업무적인 일을 하면서 결정적인 순간을 미룬다.

또 새로운 일을 시작할 때도 집중력이 흐트러진다. 내가 그걸 해낼 수 없을 것이라는 사라지지 않는 불안감 때문이다.

이런 상황에 직면했을 때는 그저 자기 생각을 알아차리고, 그것이 지나갈 때까지 잠시 앉아 있자. 생각이 하늘에 흘러가는 구름이라고 상상하는 것이 도움이 된다고 말하는 사람도 있다. 그런 다음 준비가 되면 집중을 방해하는 것에 개의치 말고 일을 지속하라. 이것은 해야 하는 일이고, 지금 그 일을 할 것이라고 자기 자신에게 말하라. 다 마치고 나면, 그것을 완료한 데 대한 보상으로 다른 일을 할 수 있다.

탐색과 활용은 균형 있게

경영 전략을 연구하는 학자들은 탐색Exploration과 활용Exploitation을 구별한다. '탐색'은 새로운 혁신을 발견하고 새로운 기술을 습득하며 새로운 제품을 개발하는 것이다. 반면에 '활용'은 이미 가진 자원에서 최대의 가치를 얻는 것이다. 대부분 회사는 살아남기 위해 두 가지 모두를 해야 한다.

프리랜서는 사업을 위해 일하는 것(탐색)과 사업 안에서 일하는 것(활용)을 구별해야 한다. 당신의 사업은 발전해야 하지만 동시에 당신을 지원해야 한다.

지나친 탐색은 새로운 아이디어를 너무 많이 만들어 내서 절대 그것을 끝낼 수 없고 돈을 벌 수도 없다. 새로운 아이디어 창출에는 항상 놀이의 요소가 있다. 기존의 틀을 깨고 새로운 것을 만들기 때문이다. 하지만 너무 많이 놀면 그 이상적인 아이디어들이 무엇이든 결코 유용한 것으로 구체화되지 않는다.

반면에 지나친 활용은 다람쥐 쳇바퀴 돌 듯 그날그날의 일을 처리하는 데 급급한 상태임을 의미한다. 책상에 앉아 일만 하다 일에 영향을 미칠 수 있는 중요하고 새로운 동향이나 계획을 놓칠 수 있다. 그렇지 않더라도 일만 하고 놀지 않아서 결국 침체되거나 좌절할 수도 있다. 이런 상황은 혼자 있을 때 행복하고 자연스럽게 일에 몰두하는 내성적인 사람에게 진짜 덫과 같다. 알맞은 정도로 일에 집중하는 것은 긍정적인 특성이지만 지나치면 해가 된다.

시간 관리는 탐색과 활용의 두 측면에서 균형을 유지해야 한다. 새로운 기술을 개발하고 새로운 분야에 진출함으로써 '톱날을 날카롭게' 갈아야 하지만, 동시에 고객을 관리하고 돈을 벌어야 한다. 이것은 지금 가지고 있는 기술을 이용하는 걸 의미한다.

어떤 프리랜서는 지나치게 탐색하며 항상 다음 고객, 관계, 프로젝트, 이벤트를 찾는다. 자신을 감시하는 라인 관리자가 없는 환경이기에, 늘 여기저기에 관심을 둔다. 천성적으로 외향적인 사람들이 이럴 가능성이 크다. 계속 일하기 위해 앉아 있는 대신 밖에 나가서 사람들을 만날 수 있기 때문이다.

하지만 내성적인 사람은 '지나치게 활용할' 확률이 높다. 물론, 새로운 것을 배우고 싶을 수도 있다. 그러나 탐색은 새로운 사람들과 새로운 상황에 놓이는 것을 의미하므로 그것을 피하고 이미 알고 있는 것을 계속하는 쪽을 택할 것이다.

또 일단 고정 고객이 몇 명 생기고 나면 자기 자신에게 그냥 그 고객들을 활용해야 한다고 말하기 쉽다. 다른 할 일이 있어서 일을 거절해야 할 때면 잘못된 행동 같다는 느낌이 든다. 그래서 결국 나아갈 방향을 새롭게 설정하지 못하고 고객의 요구에 끊임없이 반응하게 된다.

물론, 기존 고객이 새로운 일을 요청할 수도 있다. 이전에 한 일에 대해 기대 이상으로 만족했다면, 고객은 새로운 사람에게 맡기는 위험을 감수하기보다 당신을 찾아올 것이다. 당신이 가진 기술 외의 일을 요구할 수도 있다. 그러나 이 일을 맡는 것은 자기 자신을 위한 선택이 아니다. 진짜 탐색하고 있는 것이 아니라 그저 고객이 이끄는 대로 따라가는 것이다.

나이도 관련이 있다. 아직 젊고, 딸린 식구가 없다면 일정에 약간 여유가 있을 때 새로운 지식을 얻기 위해 노력하면 좋다. 몇년 후 나의 미래에 투자하는 것이다.

반면에 나이가 들수록 새로운 것을 배우기가 어려워진다. 그리고 그것을 활용할 (너무 아프지 않은) 시간은 더 줄어든다. 그뿐아니라 프리랜서의 수익 능력은 중년 후기에 최고조에 달하고 은퇴가 가까워질수록 완만하게 감소하는 경향이 있다. 따라서 특정 나이와 시기에 이르러 받은 메일함이 일로 꽉 차 있다면 그저 그 기회를 잘 활용하는 데 집중하는 것도 좋다.

핵심 정리하기

+ 시간은 당신의 가장 귀중한 자원이다. 시간을 현명하게 써라.

+ 세 가지 관점, 즉 수년(목표 달성하기), 수 주와 수개월(업무 계획하기), 그리고 하루(일을 처리하기)에 걸쳐 시간을 관리하라.

+ 휴식을 취하고, 집중하고, '시간 빨대'를 피함으로써 시간을 영리하게 관리하라. 당신의 내향성이 시간 관리 방식에 어떤 영향을 미칠 수 있는지 알아야 한다.

+ 계속 발전하면서 동시에 돈을 벌 수 있도록 탐색과 활용의 균형을 유지하라.

5장

고객과 협력하기

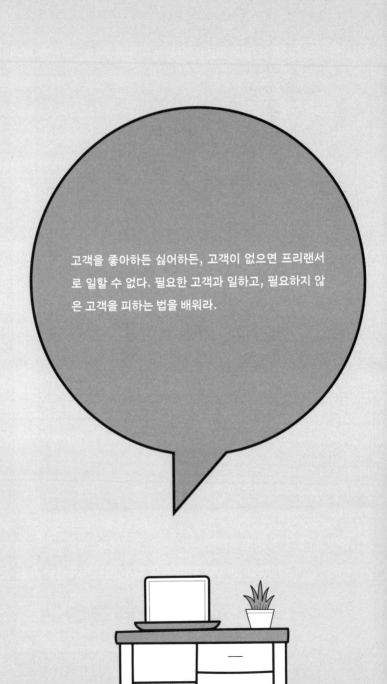

고객을 좋아하든 싫어하든, 고객이 없으면 프리랜서로 일할 수 없다. 필요한 고객과 일하고, 필요하지 않은 고객을 피하는 법을 배워라.

좋은 고객이란?

누구나 이런 고객과 일하고 싶지 않을까?

• 나를 인격적으로 대하고 전문가로서 존중한다.

• 분명한 업무 의뢰서와 일할 공간을 제공한다.

• 내가 하는 일을 가치 있게 여기고 칭찬을 아끼지 않는다.

• 공정하게 대우하고 약속을 지킨다.

• 제때 돈을 지불한다.

　　고객이 위 자질 중 한두 개만 부족하다면 이를 악물고 버틸 수 있을지 모른다. 하지만 그 이상이라면 그 고객과의 관계는 몹시 힘들어질 것이다. 그리고 고객의 행동을 바꾸기 위해 노력할지 아니면 관계를 정리해야 할지 결정해야 할 것이다.

　　이러한 기본적인 요건을 넘어서서 고객들마다 프리랜서와 일하는 방식에는 큰 차이가 있다. 시간이 지나면서 당신은 고객 각각의 별난 점과 약점을 알게 될 것이다. 그리고는 그들이 원하는 것을 미리 짐작하여 처리해 두거나 문제를 해결하는 방법을 배우게 될 것이다.

평소에 나는 내게 일을 맡길 수 있는지 부지런하게 미리 확인하는 고객을 소중하게 여긴다. 그런데 정작 일거리를 보낼 땐 내 일정을 고려하지 않고 일방적으로 정한 마감일을 통보하는 고객들이 있다. 지금은 이런 상황에 익숙해졌고 이것을 극복하는 방법을 알게 됐다. 따지고 보면, 그들도 통제할 수 없는 상황 때문에 그렇게 하는 경우가 많다.

당신은 내향성의 영향으로 특정 고객에게 끌릴 수도 있다. 예를 들어, 전화 통화나 회의를 요구하기보다 서면으로 거래하는 것에 만족하는 사람들, 즉 내성적인 성향을 띤 고객들에게 호의적일 수 있다. 이것은 당신이 같은 지역 사람들에게 서비스하기보다 널리 흩어져 있는 고객층을 가지게 될 것임을 의미하기도 한다.

그래도 당신의 우수 고객 중에는 자신의 한계를 알고 있는 대단히 외향적인 사람이 있을 수 있다. 예를 들어, 그들은 어렵지 않게 야심 찬 목표를 세우고 다른 사람들에게 동기를 부여하는 진취적인 사람이지만, 아이디어를 개선하거나 생각을 포착하거나 세부 사항을 끝까지 따르는 것을 어려워한다. 그래서 그들은 자신의 능력과 태도를 보완해 줄 당신을 찾아올 것이다.

고객들도 상호 작용에 관한 자신만의 선호도가 있다. 어떤 고객은 오로지 일 이야기만 하고 또 다른 고객은 항상 빼놓지 않고 안부를 묻는다. 어떤 고객은 당신의 수고에 대해 야단스럽게 감사 인사를 전하고 또 다른 고객은 다음에 또 일을 맡길 때까지 아무 말도 하지 않는다. 하지만 그들이 당신을 가치 있게 여긴다는 사실을 아는 한, 다 괜찮다. 칭찬을 받으면 좋지만 일을 또 맡기는 것보다 더 큰 칭찬은 없다.

프리랜서가 되기 전에는 프리랜서와 고객의 관계를 상당히 멀고 업무적인 관계로 생각할지 모른다. 하지만 일의 유형에 따라 고객과 긴밀한 유대관계를 맺을 수 있다. 실제로 동료 프리랜서보다 고객과 더 가까운 사이가 되기도 한다.

거절이야말로 기술이다

지금까지 살펴본 대로, 고객 중에도 더 나은 고객이 있다. 그러나 그것은 문제가 되지 않는다. 어쨌든 프리랜서는 고객을 고르고 선택할 수 있으니까. 그렇지 않은가?

이론상으로는 맞는 말이고 멋진 말이다. 그러나 실제로 일을 거절하려고 하면 그것이 얼마나 어려운 일인지 깨닫게 된다. 거절이야말로 진짜 기술이다. 그리고 모든 프리랜서가 배워야 하는 기술이다.

누군가가 어떤 일을 해 달라고 요청하는 것은 파티에 초대하는 것과 같다. 분명코 당신에게 선택권이 있다. 하고 싶지 않은 일은 하지 않아도 된다. 그러나 그것이 쉽게 거절할 수 있다거나 그 결과에서 자유롭다는 의미는 아니다.

어떻게 보면 어떤 일을 맡을지 결정하는 것은 4장에서 본 것처럼 일정을 짜는 것에 가깝다. 모든 일을 다 할 순 없으므로 우선순위를 정해야 한다. 다른 고객들에 비해 더 함께 일하고 싶은 특정 유형의 고객이 있다. 그리고 정말 피하고 싶은 고객도 있다 (나중에 함께 살펴볼 것이다).

하지만 그 이유가 아무리 강력하더라도, 거절할 때 감정의 동요가 전혀 없을 수는 없다. 대부분 어느 정도는 감정적으로 앙금이 남게 된다. 아마도 시간이 지나면서 완화되겠지만 프리랜서 초창기에는 큰 부담으로 느껴진다.

일을 제안받게 되면 여러 감정이 생긴다. 이런 고객과 함께 일하게 돼서, 또는 이런 유형의 프로젝트를 하게 돼서 기쁘면서도 잘 해낼 수 있을지 불안하고, 할 수 있다는 것을 증명하고 싶을 것이다. 이런 고객이 당신을 찾아온 것이 믿기지 않아 그들을 실망시키지 않길 간절히 바랄 수도 있다. 이 일을 다른 일로 연결할 방법을 생각할 수도 있다. 물론 보수에 대해서도 생각할 것이다.

하지만 이런 감정들은 당신에게 그 일이 잘 맞지 않다는 신호일 수 있다. 다시 말해, 당신의 핵심적인 전문 기술과는 거리가 너무 먼일이거나, 개별 프리랜서로서 당신의 능력을 넘어서는 일일 수 있다. 또는 당신이 단지 너무 바빠서 그 일을 맡지 못할 수도 있다.

이런 감정이 든다면, 솔직하게 말하는 것이 낫다. 고객은 다른 사람에게 일을 맡기고 당신은 더 많은 가치를 더할 수 있는 다른 일을 하는 것이 나을 것이다.

일을 거절하면 그동안 느꼈던 감정은 갑자기 모두 얼어붙고 다른 감정들로 바뀐다. 상실감이나 후회, 죄책감, 자책감을 느낄 것이다. 그리고 내면의 비판자가 이성을 잃고 흥분한다.

'그 고객이 돈을 내려고 했는데… 어떻게 거절을 해?'
'도움이 필요한 사람들을 그냥 외면해 버린 거야?'
'내가 뭔데? 이 사업 망하면 다 내 잘못이야.'

분명히 이 모든 생각은 완전히 잘못됐다. 제멋대로 고객의 생각과 느낌을 추측한 것이기 때문이다. 내성적인 사람들이 더 그런 경향이 있다. 그러나 당신에게는 그것이 '진짜처럼' 느껴진다.

또 내성적인 사람은 문제를 일으키거나 강압적으로 말하는 것을 좋아하지 않기 때문에 더 안 좋게 받아들인다. 문제를 일으키는 것은 당신의 천성과 거리가 멀다.

심지어 작은 일 하나를 거절하는 것도 절벽에서 뛰어내리거나 오랜 친구에게 다시는 보고 싶지 않다고 말하는 것처럼 느껴질 수 있다. 그래서 단지 거절로 인한 감정적 후유증을 피하려고 일을 수락하기 쉽다.

극단적으로 어떤 프리랜서는 몇 년이고 계속해서 결과와 관계없이 그냥 모든 것에 동의한다. 주도권을 가질 때의 위험성보다 수동적으로 수락할 때의 안전성을 선호하기 때문이다. 하지만 그들은 결코 자신의 직업에서 주인이 되지 못한다. 역설적이게도 사람들을 기쁘게 하려던 것이 결국 너무 많은 일을 떠맡아, 사람들을 실망시키고 스스로 번아웃되는 결과로 이어지기도 한다.

거절은 사업, 서비스의 질, 궁극적으로는 자신의 행복을 지키는 데 필수적이다.

내성적인 사람들은 모든 좋은 것들은 무시하고 하나의 나쁜 것에만 초점을 맞추는 경향이 있다. 이것을 '부정성 편향negativity bias'이라고 부른다. 따라서 거절을 잘하려면 '균형 감각'을 길러야 한다. 내가 일한 모든 고객과 내가 해낸 모든 일을 기억하라. 그 일에 대한 보수를 작년 또는 프리랜서로 일한 전체 기간의 소득과 비교하라. 당신의 고객이 될 수 있는 사람들은 세상에 널리고 널렸다는 사실을 자신에게 상기시켜라. 거절하는 것이 지금 당장은 이것이 되돌릴 수 없는 어마어마한 행동처럼 느껴질 수 있지만, 틀림없이 더 많은 일이 찾아올 것이다. 모든 끝은 또 다른 곳에서의 시작이다.

상실감에 맞서기 위해 무엇을 얻게 될지에 초점을 맞춰라. 다른 고객에게 더 좋은 서비스를 제공하거나 정말 하고 싶은 일을 더 많이 할 수 있다. 사업을 발전시키거나 열정이 있는 프로젝트에 시간을 할애할 수 있다. 또는 그동안 열심히 일한 것에 대한 보상으로 얼마간의 휴식 시간을 가질 수도 있다.

거절을 잘하면 무엇보다도 나 스스로 상황을 제어할 수 있으므로 목적의식이 분명해지고 일과 삶의 균형감을 얻게 된다. 그리고 그것이 당신에게 다른 어떤 일보다 진정한 부를 가져다줄 것이다.

잘 거절하는 방법

시장의 소비자는 뚜렷한 이유 없이 거절하는 공급자에게 익숙하지 않다. 제과점에 갔는데 그곳 사장이 다짜고짜 빵 팔기를 거부했다고 상상해 보라. 고객에게 "죄송하지만, 이 일은 하고 싶지 않아요"라고 말하는 것은 너무 직설적이다. 따라서 거절할 때 고객에게 다음과 같이 사유를 말하고, 충분히 설명하면 좋을 것이다.

- 이 프로젝트에 적합하지 않다.

    사람들이 적극적으로 당신을 선택했다면 이렇게 말하는 것이 이상하게 느껴질 수 있지만, 이 말이 통할 수 있다. 업무 의뢰서를 주의 깊게 살펴보고 나서 이 일에는 다른 전문가나 경험이 더 많은 사람, 또는 타당하다고 느낄 만한 측면에서 다른 사람이 적임자라고 말하라. 고객은 이 조언에 매우 고마워하며 당신의 말을 믿고 그에 따라 행동할 수도 있다는 것에 유념하라. 정직하고 유용한 조언을 해서 고객이 헛수고하는 일은 없게 하라. 고객이 당신과 일하고 싶다고 고집을 부리면 기대를 충족시킬 자신이 없고 나중에 실망시키는 일은 하고 싶지 않다고 말하라. 그렇게 말하면 일방적이거나 둔감한 고객만이 당신의 의견에도 불구하고 계속 고집을 꺾지 않을 것이다.

- 너무 바쁘다.

    이 사유에 대해서는 누구도 반박할 수 없다. 고객이 유일하게 할 수 있는 것은 당신이 시간이 날 때까지 기다리겠다고 제안하는 것이다. 따라서 그들이 그렇게 하기를 원하는지 아닌지를 생각해 보라. 다음 6개월 동안은 예약이 꽉 차 있다고 주장하는 프리랜서를 본 적이 있으니, 당신도 그와 비슷한 말을 할 수 있다.

• 가격 면에서 맞출 수 없다.

거래 영역(7장 참조)보다 훨씬 높은 견적가를 제시하면 다음 세 가지 중 한 가지 상황이 펼쳐질 것이다. 첫째, 고객이 그냥 포기한다. 이것은 어쨌든 당신이 원했던 결과다. 둘째, 고객이 가격 조정을 요청한다. 이 경우에는 "죄송하지만 그건 어려울 것 같습니다"라고만 말하며 효과적으로 협상을 끝내라. 하지만 셋째, 고객이 그 높은 가격을 그냥 받아들일 위험이 있다. 그러면 그들의 기대도 가격만큼 올라갈 것이다. 모든 가격 책정이 그러하듯 일단 가격을 제시하면 통제력을 잃는다. 그러니 이 방법은 신중하게 선택하라.

어떤 접근법을 선택할지는 어느 협상 단계에 있느냐에 따라 달라진다. 프로젝트에 동의하고 나서 다음 날엔 너무 바쁘다고 주장할 수는 없다. 이미 실무에 들어갔는데 상황이 걷잡을 수 없이 악화된다면 한 가지 수습하는 방법은 비용을 반만 청구하겠다고 제안하고 서로 나쁜 감정 없이 끝내는 것이다. 나는 여러 번 이렇게 해서 만족스러운 결과를 얻었다. 한 고객만이 돈을 조금도 내지 않겠다고 주장했다.

일을 맡을 수 없다고 거절하면 대부분 고객은 그 사유를 받아들이고 다른 곳을 찾을 것이다. 당혹스러워하거나 불쾌하게 여기거나 심지어 화를 내는 사람, 거절 의사를 받아들이지 않고 일을 맡기기 위해 두 배의 노력을 들이는 사람도 있을 수 있다. 누구에게나 가질 수 없는 것을 더 원하는 심리가 있는 것 같다.

가격 책정(7장)과 마찬가지로 대화를 '서면'으로 하는 것은 항상 도움이 된다. 직접 만나서는 말할 것도 없고 전화 통화를 하며 요령 있게 거절하기란 믿기 어려울 정도로 어렵다. 더욱이 고객의 반응을 전혀 예측할 수 없어서 자신이 어떤 상황에 놓이게 될지 알 수 없다. 혹시 실언을 하게 되면 나중에 이메일을 보내 이유를 분명하게 밝히고 통화를 어려워한다는 사실을 시인하라.

어떤 국면이 전개되든 예의 바르고 전문가다운 태도를 유지하고 그 상황에 책임을 져야 한다. 비난을 사는 것은 미래의 관계에 좋지 않다. 당신은 어쨌든 이런 관계를 원하지 않을 것이므로 해야 할 역할을 하고 넘어가는 것이 좋다.

불량 고객을 알아차리는 방법

프리랜서 초창기에는 경제적인 이유로 또는 그저 기술과 경험을 쌓기 위해 모든 일을 해야 한다고 느낀다. 하지만 어떤 고객은 같이 일하기 너무 어려운 사람들이라 그 프로젝트를 맡을 가치조차 없다. 그들과의 부정적인 경험이 다른 일에 영향을 미쳐 그 일로 번 돈보다 감정적 소모 비용이 더 크기 때문이다.

당신은 그야말로 누구든 이용할 수 있는 공급자가 되어 저 바깥세상에 자신을 내어놓고 있고 전혀 모르는 사람들과 일한다. 모든 것은 당신이 얼마나 잘 소통하고 협력할 수 있는지에 달려 있다.

불가피하게 그런 관계 속에서 문제에 휘말리기도 한다. 솔직히 말하면, 아무런 문제가 없는 경우가 그렇게 많다는 사실이 놀랍기도 하다.

진행 중인 프로젝트가 정상 궤도를 벗어나면 그 사실을 금방 눈치챌 수 있다. 그러나 그때는 이미 너무 늦다. 불량 고객의 일에 뛰어들기 전에 그들을 알아차려야 한다.

다음과 같은 위험 신호에 주의하라.

- 공짜로 해줄 수 있는 것을 찾는다. 사람들이 이렇게 말할 수 있다. "지금 계획하고 있는 일이 많아요." 또는 "우선 어떤 일을 할 수 있는지 보고 싶어요." 그럴 가능성은 별로 없어 보이지만 이 주장이 설사 사실이더라도 이런 요청은 미래의 관계에 있어 좋지 않은 징조다(7장에서 무보수로 일하는 것에 대해 다시 살펴볼 것이다).

- 가격을 깎아 달라고 조른다. 신뢰하는 고객이 그렇게 하는 것은 문제가 되지 않는다. 그러면 나는 그에게 무엇을 해 줄 수 있는지 말하고 우리는 거기에서부터 시작한다. 그러나 새로운 고객이 그러면 시작부터 관계가 틀어질 수 있다. 나는 이렇게 생각할 것이다. '이 사람은 지금도 이런데 프로젝트에 들어가면 어떻게 나올까?' 할인을 요구하는 것은 실력 행사일 때가 많다. 즉, 고객이 요구하면 당신은 따라야 한다. 일을 얻기 위해 경제적인 대가뿐만 아니라 정신적인 대가를 치르는 것이다.

- 예산이 부족하다고 말한다. 고객의 자금 사정은 우리의 소관이 아니므로 이것은 우리를 더 높은 권력에 굴복시키려는 시도다. 나는 개인적으로 제멋대로인 예산이나 실제로 존재하지도 않는 예산 탓을 하는 사람보다 차라리 대놓고 가격을 깎아

달라고 하는 사람이 더 나은 것 같다.

- 가격을 깎아 달라고 직접적으로 요구하지는 않으면서 전반적으로 가격이나 그 대가로 무엇을 얻는지에 연연한다. 예를 들어, "300만 원이라는 거금을 들인 만큼, 환상적인 결과를 기대할게요!"와 같은 말은 칭찬처럼 들리지만 은근한 협박이거나 당신이 이 사람을 절대 만족시킬 수 없을 거라는 신호일 수 있다. 진짜 프로는 가격에 대해 한번 합의하면 절대 그 얘기를 다시 거론하지 않는다.

- 보수 지급 기준을 합의 이후에도 바꾸려고 한다. 예를 들어, 프로젝트당 지급을 시간당 지급으로 바꾸려고 하거나 심지어 '결과가 없으면 돈을 내지 않는' 거래로 바꾸려고 할 수도 있다. 이것은 서로가 완전히 이해하고 동의할 수 있는 공정하고 객관적인 방법으로 결과를 측정하지 않는 한, 꼭 피해야 한다. 당신의 생계가 운에 좌우되지 않게 하라.

- 특정 가격 또는 특정 시간 동안 무엇을 얼마나 얻을 수 있는지 묻는다. 예를 들어, "10만 원으로는 어떤 일을 할 수 있나요?" 라고 묻는다. 이렇게 시작하면 단순하게 말해, 서로를 존중하

는 관계를 구축할 수 없다. 이런 질문을 하는 사람들은 더 저렴한 누군가를 이용해야 한다. 그들에게 예의를 지켜 그렇게 말하라.

- 타임스케일에 대해 강압적인 태도를 보인다. 반면 당신의 요구에는 방어적인 태도를 보인다. 예를 들어, 당신의 이메일에는 몇 주 동안 답을 하지 않으면서 당신에게 이메일을 보낼 때는 몇 분 안에 답장을 받기를 기대한다. 물론 당신의 귀중한 고객들도 항상 빠른 회신을 요구하는 경우가 있다. 그러나 그들은 당신이 요구하는 타임스케일을 기꺼이 받아들인다. 고객의 요구를 어디까지 따를 것인지 결정해야 한다.

- 업무 의뢰서가 불분명하다. 자신이 무엇을 원하는지 고객이 모르면 당신이 그것을 어떻게 구현할 수 있겠는가? 지도 없이 출발하는 것은 그저 나중으로 문제를 미루는 것이다. 게다가 이런 안이한 생각은 그 자체로 무례하다. 고객이 미리 전달했어야 할 정보를 뒤늦게 드러내는 것도 짜증 나는 일이지만 의도치 않은 실수일 때도 있다. 다시 한번 말하지만, 당신이 판단해야 한다.

- 지나치게 까다롭다. 고객은 일정 수준의 품질을 기대하고, 기대에 미치지 못했을 때 변경을 요구할 권리가 있다. 하지만 매번 급박하게 업무 의뢰서를 수정하고, "직접 봐야 알겠다"라고 말하며, 달성할 수 없는 목표를 위해 헛된 노력을 강제할 권리는 없다. 당신이 받는 보수에 포함되는 변경 사항의 범위를 미리 말하고 뜻을 굽히지 말라.

- 조언을 무시한다. 왜 개를 사고 스스로 짖는가?[8] 당신의 제안에 대한 건설적인 논의는 얼마든지 할 수 있다. 그러나 전문가의 조언을 간단히 무시하는 것은 다른 문제다. 고객이 어쨌든 하려는 일을 정당화하는 것은 당신의 몫이 아니다. 게다가 나중에 일이 잘못되면 누가 책임질 것인가?

- 계약 후 재협상하려 한다. 이것은 가격이 합의된 후에 더 많은 요소를 몰래 넣거나 수정을 가장한 추가 작업을 요청하는 경우다. 당신은 웬만하면 고객의 편의를 봐주고 싶어하기 때문에 '피처 크리프(제품 내 새로운 소프트웨어 기능의 과도한 확장 및 추가)'나 '스코프 크리프(요구 사항 변경)'를 어떻게 다루어야 할

°
8   다른 사람을 고용해서 한 일을 직접 해서는 안 된다는 것을 비유하는 표현.

지 난감할 것이다. 그러므로 직접 나서서 "더는 안 된다"라고 말할지는 당신의 선택에 달려 있다. 실제로 계약서대로만 하려고 하면 '비협조적(내성적인 사람에 대한 전형적인 오해다)'으로 보일 위험이 있다.

- 불편한 상황으로 내몬다. 이상한 시간에 전화하거나 예외적이고 예기치 않은 요청을 하는 것은 균형을 깨고 양보를 끌어내려는 전략일 수 있다. 내성적인 성향상 이메일을 선호한다고 분명히 표현했음에도 끊임없이 전화하는 것은 힘의 균형을 깨뜨리는 또 다른 방법이다. 발신자 표시에 대해 하늘에 감사할 따름이다.

- 수동적인 공격성을 드러낸다. 실제로 완벽한 전문가인 당신을 비판적이거나 지나친 요구를 하는 사람으로 느끼게끔, 하지도 않은 말을 했다고 하는 경우다. 그렇다고 해서 고객을 대놓고 비난할 수도 없다. 정말로 그런 일이 일어날 수 있는지 의문을 가진다면, 나를 믿어라. 정말이다. 당신을 미치게 할 수도 있는 일이다.

- 소름 끼치는 행동을 한다. 부적절한 발언, 사생활을 침해하는

개인적인 질문들, 원치 않는 접촉, 그 밖에 당신을 불편하게 하는 모든 행동은 전문가적인 업무 관계에서 발붙일 곳이 없다. 협력 관계를 즉시 끝내는 것은 지극히 정당하고 결단코 필요한 조치다. 보수가 얼마든 이런 행동을 감수할 만큼의 보수는 있을 수 없다.

- **시간 빨대**(4장 참조). 시간당 요금을 부과하지 않는 한, 고객이 당신을 전화 대화 서비스나 상담 서비스로 이용할 수 없게 하는 게 좋다. 어떤 고객은 친절하고 편견 없는 당신에게 불평을 털어놓거나 험담을 늘어놓고 싶어한다. 그러나 그것을 자제시켜야 한다. 그렇게 하지 않으면 가장 소중한 자원을 낭비할 위험이 있다. 편안한 담소를 나누는 것과 전문적인 상담이나 조언은 구별해야 한다.

- **보수를 제때 주지 않거나 아예 주지 않는다**(7장 참조). 분명히 이 단계까지 왔다면 당신은 이미 프로젝트에 전념한 것이다. 그러나 보수를 재촉해야 한다면 또는 그 과정에서 믿기 어려운 변명을 많이 듣는다면 아마도 그 고객의 일은 다시는 맡지 않는 것이 좋을 것이다.

이 긴 목록에도 불구하고, 고객을 판단하기 위해 이것만은 알아야 한다고 콕 집어 말하기는 어렵다. 이 중 하나 이상에 해당하지만, 거래에 있어서는 완벽하게 만족스러운 고객이 있을 수 있다. 심지어 어떤 프리랜서가 고객을 보수 미지급으로 고소한 후에 둘 사이가 더 굳건해졌다는 이야기를 들은 적도 있다. 결정적인 기준은 고객의 행동에 선의가 있는지, 아니면 그저 당신에게 더 큰 영향력을 행사하기 위해 하는 행동이라고 느끼는지다.

결국 불량 고객을 알아채는 방법은 알아내는 것이라기보다 느끼는 것에 가깝다. 때로는 그저 말, 몸짓, 목소리 톤에서 그런 느낌이 든다. 그냥 알게 된다. 그리고 그런 느낌이 들면 그것을 믿어라.

자, 이것은 내성적인 사람에게 어려울 수 있다. 다른 사람들과 함께 있는 다양한 상황에서 자신의 불안감이나 불편함을 무시하는 데 익숙해졌기 때문이다. 그것은 1장에서 봤듯이 내성적인 사람들이 어깨에 짊어지고 있는 감정 노동의 일부다. 또 어쩌면 경계를 설정하거나 자신이 무엇을 원하는지 다른 사람들에게 말하는 데 어려움을 느낄 수도 있다. 그러나 이때 반드시 자신의 감정에 귀를 기울이고 그에 따라 행동해야 한다.

이 프로젝트, 또는 이 고객과 맺는 관계에 대해 당신이 어떻게 생각하는지 진심을 들어 보라. 얼마나 많은 일이나 돈을 원하는지는 염두에 두지 말라. 이 일이 진행되면 정말로 어떤 느낌이 들겠는가? 정말 솔직하게, 이 일이 진행되지 않으면 안도할 것인가? 돈을 얼마나 벌어야 그것이 보상되겠는가? 아니면 그것에 대해 생각할 때 돈은 사실 중요하지 않은가?

거래하는 과정에서 우수 고객들의 좋은 성격이 드러나듯이, 교활함도 언제나 거기, 표면 바로 아래에 있다. 따라서 사람들이 자신의 모습을 드러낼 때를 잘 알아차려라. 시간이 지나면서 상한 달걀을 더 잘 알아채고 자신의 직감을 신뢰하는 데 더 능숙해질 것이다.

세상이 당신을 파괴하려는 사악한 고객들로 가득하다고 말하고 싶지는 않다. 그렇지 않다. 당신은 전 세계 모든 유형, 모든 성격의 고객들을 위해 안전하게 프리랜서로 일할 수 있다. 단지 몇 번의 안 좋은 기억이 프리랜서 경력 전체를 부정적인 감정으로 물들일 수 있다. 그것은 미래의 선택, 결국 미래의 성공에 영향을 미친다. 따라서 자신의 직감이 신호를 보내기 시작할 때를 대비해 몇 가지 전략을 준비해 놓는 것이 좋다.

적극적인 경청 기술

내성적인 사람은 다른 사람의 말에 귀를 잘 기울인다. 이 점은 프리랜서 경력에 많은 도움이 될 것이다.

다른 무엇보다도 경청은 실제로 고객이 프로젝트에서 무엇을 원하는지 알아내는 데 도움이 된다(말할 때 더 적게 말할수록 더 효과적이고 기억에 남는다). 그리고 심리적인 측면에서, 경청은 이해와 존중을 보여주기 때문에 고객과 더 돈독한 관계를 맺을 수 있게 한다.

고객을 인터뷰하는 것은 내가 종사하는 글쓰기 분야에 없어서는 안 되는 기술이다. 또 모든 프리랜서에게 도움이 되는 기술이기도 하다. 프로젝트에 대한 정보를 수집하는 정말 유용한 방법이고, 나중에 실수와 오해를 피하는 데 도움이 된다.

그러면 잡담과 인터뷰의 차이는 어디에서 비롯되는가? 한마디로 말하면 '준비'다.

우선 논의를 위한 구체적인 시간을 정하고 어떤 방식으로 할지 합의한다(대면, 전화, 스카이프 등). 적당한 시점에 그대로 따라 읽는 융통성 없는 대본이 아니라 대화가 다뤄야 하는 주제에 대한 전반적인 안내로써 질문 목록을 준비하고, 인터뷰 전에 그것을 고객과 공유한다. 또 전화기의 음성 녹음기든, 컴퓨터든, 펜과 종이든, 인터뷰를 기록할 방법을 마련한다.

고객과의 대화를 유도하는 유용한 질문 몇 가지를 살펴보자.

- 이 프로젝트는 결국 무엇에 관한 것인가? 목표가 무엇인가?
- 누구를 위한 프로젝트이고 어떻게 그들에게 도움이 되는가?
- 성공했을 때 어떤 모습인가? 성공했을 때 우리가 어떻게 알 수 있는가?
- 내가 어떻게 도울 수 있는가? 이 프로젝트에 어떤 가치를 가져올 수 있는가?

이 질문들이 당신이나 고객이 아직 생각해 본 적 없는 곳으로 이끌 수도 있다. 스스로 아이디어를 진전시키기는 어렵다. 그래서 고객들은 누군가 다른 사람과 이야기를 나누는 기회에 정말 감사해한다. 사실 그것이 고객에게 제공해야 할 가장 귀중한 일일지 모른다. 이런 경험은 당신이 그 시간에 대한 대가를 받고, 그들이 '시간 빨대(4장 참조)'가 되지 않는 한 좋다.

이런 질문들 대부분은 '어떻게'나 '무엇'으로 시작하는 열린 질문이다. 그 질문들은 서술적이거나 묘사적인 답을 요구하므로 고객이 자기 생각을 탐구할 수 있다. '왜'로 시작하는 질문이나 '예/아니요'로 대답하게 하는 질문은 결말을 짓거나 선택을 마무리하거나 불확실성을 해소하는 데 더 유용하다.

프리랜서 일은 자신의 기술과 지식을 고객의 요구에 맞추는 것이다. 그래서 고객의 말을 들으면서 어떻게 고객을 도울 수 있는지, 또는 어떻게 고객의 프로젝트에 접근할지를 생각하는 것은 지극히 당연하다. 문제는 그 사고방식에 몰입하면 '더는 듣지 않고 뭐라고 말할지'를 생각한다는 것이다. 그렇게 되면 아직 정리되지 않은 생각으로 대화에 뛰어들어 이야기의 흐름을 방해할 위험이 커진다.

또는 특별히 할 말이 없을 수는 있지만, 불안감 속에서 길을 잃고 자신의 머릿속 생각에 사로잡혀 있다 고객의 말에 집중하지 않았음을 깨닫고 흠칫 놀랄 수 있다.

그런 위험을 피하기 위해 '적극적인 경청 기술'을 함양하라. 적극적으로 들을 때는 상대방이 말하는 것을 이해하고, 배우고, 기억하는 데 전력을 다한다. 필요할 땐 질문하며 대화를 이끌면서도 대화에 대한 통제를 느슨하게 한다. 판단과 평가는 실제로 필요하거나 요구될 때까지 내려놓는다. 그리고 자기 생각이나 믿음이 들은 말에 의해 바뀔 수도 있음을 받아들인다.[9]

선입견의 힘은 때론 강력하다. 나는 인터뷰 녹음한 것을 다시 들으면서 고객이 당시에 내가 생각했던 것과는 전혀 다른 말을 하고 있었다는 사실을 발견하곤 했다. 그럴 때면 멍청하고 논점

°

[9] 적극적 경청에 대한 더 자세한 내용은 위키피디아(https://en.wikipedia.org)에서 active listening으로 검색하면 확인할 수 있다.

을 벗어난 질문을 하는 내 목소리를 들어야 한다. 몹시 괴로운 일이지만 결국 필요한 정보를 얻기만 한다면 참고 이겨 낼 수 있다.

고객의 말을 듣는 것은 고객을 이해하는 것과는 다르다. 가령 하나의 표현에 담긴 의미는 여러 가지로 해석될 수 있다. 예를 들어, 고객이 프로젝트에서 무엇을 원하는지 설명할 때 '현대적'이나 '비공식적' 같은 말을 사용할 수도 있다. 이런 표현은 분명해 보이지만 더 깊이 파고들면 사실 정확히 이해하기 어렵거나 다양한 의미로 해석될 수 있다. 따라서 종종 고객들에게 그들이 원하는 것에 관한 실제 사례를 들어 달라고 요청하고, 그것에 대해 특별히 무엇이 좋은지 말하도록 독려하는 것도 좋다.

고객을 너무 몰아붙이지 말라. 그들은 이런 서비스를 이용해 본 적이 없거나 어떤 유형의 프리랜서와도 일해본 적이 없을 수 있다. 또 그들이 스타트업 사업을 운영하고 있다면 일해서 번 돈을 모아 당신의 일에 대한 대가를 지불하고 있을지 모른다. 절박하지는 않더라도 이 프로젝트가 잘되기를 간절히 바랄 것이다. 그 마음이 쉽게 행동으로 나타날 수 있고, 당신의 눈엔 그 행동이 트집을 잡거나 과하게 통제하는 것으로 보일 수 있다.

이러한 관점에서 볼 때 경청은 분명 정보 수집에 관한 것만이 아니다. 고객의 기분을 알아내고 그들에게 있을 수 있는 모든 불안감이나 집착을 알아채는 방법이기도 하다. 만약 그들이 특정 주장을 계속 반복하거나 특정 주제로 계속 돌아간다면 그것에 관심을 기울이고 있다는 강력한 신호다. 이전 프로젝트에서 무엇이 잘못되었는지를 드러낸다면 이번엔 무엇이 잘되길 바라는지 말하는 것이다.

고객의 몸짓 언어에서도 힌트를 얻을 수 있다. 그래서 고객을 직접 만나면 이메일이나 전화로 거래할 때보다 더 친밀한 관계를 맺기가 수월하다. 불편함을 이겨내야 할 수도 있지만, 장기적으로는 가치가 있을 것이다.

나는 고객과 단 한 번의 만남으로 그 관계가 질적으로 상당히 개선되고, 그 상태가 계속 유지되는 것을 종종 목격했다. 그것을 좋아하든 싫어하든(우리 내성적인 사람들은 싫어하지만) 누군가를 직접 만나는 것만큼 좋은 것은 없다.

때로는 고객 쪽 사람들이 서로 다른 견해를 가지고 있어 프로젝트에 영향을 주는 경우, 다같이 모여 회의를 하거나 단체 통화를 해야 할 때가 있다. 예를 들어, 당신이 브리핑을 했는데 경영 책임자, 마케팅 책임자, 생산 책임자가 이 프로젝트가 무엇에 관한 것인지에 대해 아직 합의하지 않았다는 사실만 발견할 수도 있다. 심각하게 좌절할 만한 상황이지만 지금은 탈출구도 없다. 따라서 모든 사람의 말을 들을 수 있는 이 시간을 이용해 프로젝트 진행에 유의미한 내용을 알아내라. 이 프로젝트에서 누가 실제로 권한을 가지는가? 그들과 어떤 관계가 필요한가? 필요한 정보를 누가 가지고 있는가? 누가 당신의 일을 승인하는가? 그리고 이 답을 통해 이 프로젝트에 어떻게 접근할지 결정하라.

덜 약속하고 더 해줘라

원칙적으로 일의 결과로 말하라. 덜 약속하고 더 해주는 것이 불가능한 것을 약속하고 기대에 미치지 못하는 것보다 훨씬 낫다.

고객에게 확신을 심어 주되 기대가 너무 커지지 않도록 하는 게 좋다. 이런 겸손하고 절제된 태도는 내성적인 사람들에게는 아주 자연스럽게 느껴지므로 어렵지 않을 것이다. 이렇게 말한다고 해서 자신의 능력을 적극적으로 깎아내리지는 말자.

고객이 무슨 일을 할 수 있냐고 물으면 업무 의뢰서를 충족시키기 위해 능력이 닿는 데까지 최선을 다할 것이라고 말하라. 최종 결과에 관해 물으면 고객의 현재 상태보다 개선하는 것을 목표로 할 것이라고 말하라. 무엇을 할 수 있는지에 대해 거창한 주장을 하기보다 지금까지 한 일과 다른 고객이 자신에 대해 한 말을 언급하면 좋다(6장의 '추천글' 참조).

타임스케일에 관해서라면 최악의 경우를 제시하고 일정을 개선하기 위해 최선을 다할 것이라고 말하라. 신속하게 끝낼 것을 약속했다가 일할 때 스트레스에 시달리고, 결국 마지막에 고객을 실망시키는 것보다 이렇게 하는 것이 훨씬 낫기 때문이다.

나는 며칠 안에 일을 끝낼 수 있다고 99% 확신하더라도 항상 최악의 상황에 납품할 수 있는 날짜를 납품일로 제시한다. 고객들이 이 속임수를 간파할지도 모르지만 그래도 그들이 언짢아한다고는 생각하지 않는다.

절대 어기지 않을 만큼 부자연스럽게 긴 마감일이 반드시 어기게 되는 터무니없이 짧은 마감일보다는 훨씬 낫다.

고객이 떠날 때

지금까지 우리는 원하지 않는 고객이나 프로젝트를 어떻게 거절해야 하는지 살펴봤다. 하지만 정말 계속 붙들어 두고 싶은 고객이 떠날 때는 어떻게 해야 할까?

이것은 내성적인 사람들에게 힘든 상황이다. 우리는 흔히 다수의 얕은 관계보다 소수의 깊은 관계를 선호하기 때문이다. 예를 들어, 우리는 친구 몇 명과 가까워지면 오랫동안 그 관계에 전념하는 경향이 있다. 따라서 오랜 고객과의 '결별'은 우리에게 특히 힘든 일이다. 그래서 그런 상황을 준비하는 것이 좋다.

가장 먼저 기억할 것은 고객의 이런 결정이 당신과는 아무런 상관이 없을지 모른다는 것이다. 예를 들어, 그들에게 여유 자원이 부족하거나, 사업이 다른 방향으로 가고 있기 때문일 수도 있다. 또는 새로운 트렌드를 좇기 위해 다른 파트너를 찾고 싶어서일 수도 있다. 당신의 서비스가 나쁘다거나 쓸모없어서가 아니라 이 고객에게 더는 맞지 않을 뿐이다.

가끔, 고객들은 그저 변화처럼 느껴진다. 다시 말하지만, 우리가 할 수 있는 것이 많지 않다. 때때로 상황은 그저 인간의 타고난 충동에 의해 바뀔 뿐이다. 우리는 고객들의 기대를 충족시키기 위해 최선을 다했다. 어쩌면 우리도 변화로부터 혜택을 입었을 것이다.

고객들이 프리랜서와 일하는 이유는 유연한 팀을 구성하고 사람을 적재적소에 배치할 수 있는 '자유로움'이 있어서다. 거기에는 두 가지 측면이 있다. 새로운 고객이 올 수 있고, 오랜 고객이 떠나갈 수 있다.

나는 많은 고객이 내 서비스를 한 번만 이용하고 다시 돌아오지 않는다는 사실을 알았다. 하지만 그들이 만족하지 못했다고 생각하지 않는다. 실제로는 많은 고객이 긍정적으로 평가했다. 어쩌면 그들은 정말로 그 하나의 작업 처리가 필요했을 것이다.

아니 어쩌면 그것은 그저 사람들에게 여기저기 다녀 볼 것을 장려하는 프리랜서 시장의 특성일 것이다.

그 이유가 무엇이든 바다에 물고기는 얼마든지 있다는 사실을 기억하라. 당신의 이상적인 고객 프로필(2장 참조)이 놀랍도록 제한적이지만 않다면, 저 밖에는 당신에게 잘 맞을 고객이 아직 많이 있다. 어쩌면 방금 떠난 고객보다 훨씬 나은 고객이 있을 수도 있다.

고객 한 명을 잃었다고 해서 고객을 확보하는 능력과 일을 훌륭하게 해내는 능력을 잃은 것은 아니다. 당신이 제공하는 서비스는 어제처럼 오늘도 여전히 강력하다.

핵심은 당신의 가치를 제공할 수 있는 곳으로 가는 것이다. 맞지 않는 일을 좇는 것은 고객, 프리랜서 모두에게 의미가 없다. 어떤 고객에게 가치를 제공할 수 없다면 가치를 제공할 수 있는 다른 고객을 찾아라.

+ 고객 중에는 더 귀중하고, 더 가치 있는 고객이 있다.

+ 거절은 번아웃을 예방하고 일의 품질을 보호하는 필수적인 방법이다.

+ 불량 고객을 알아차리는 법을 빨리 배우고 그들과 엮이기 전에 거절하라.

+ 내성적인 사람 특유의 경청 기술을 이용해 프로젝트를 관리하고 고객과 강력한 관계를 구축하라.

+ 신뢰할 수 있는 프리랜서는 모래 속의 금과 같다. 항상 덜 약속하고 더 해줘라.

+ 고객이 떠날 때는 힘들겠지만 놓아줘라. 가장 큰 가치를 제공할 수 있는 곳으로 가는 데 집중하라.

6장

나를 마케팅하기

자기 홍보는 내성적인 사람들에게 쉬운 일이 아닐 수 있다. 하지만 프리랜서로 일하는 데 꼭 필요하다.

정말 하기 싫지만 왜 마케팅이 필요한가?

내성적인 프리랜서들은 마케팅을 힘들어할 때가 많다. 대체로 마케팅을 '오만'이나 '과시', '자만', 또는 그 비슷한 것으로 생각하기 때문이다. 사교적인 모임에서 사람들과 어울리지 못하고 벽만 바라보고 있는 사람이라면 자화자찬하는 모습을 불편하게 느낄 것이다.

하지만 유감스럽게도 마케팅을 피할 방법은 없다. 당신을 이미 아는 사람들이 입소문을 내서 새로운 고객이 먼저 찾아올 정도로 운이 좋은 게 아니라면 마케팅을 해야만 한다. 따라서 더 단단해지고 자기 홍보에 익숙해져야 한다.

어떤 프리랜서들은 마케팅이 일종의 추가 선택 항목(그날 실제로 해야 하는 일이 '아무것도 없어서/없을 때/없다면' 하는 일)이라고 자기 자신을 속인다.

마케팅이 미래의 현금 흐름을 만들어 낸다고 생각하면 좋을 것이다. 오늘의 행동이 내일의 성공을 결정한다. 더 빨리 마케팅에 착수할수록 더 빨리 혜택을 볼 것이다.

마케팅이 중요한 또 다른 이유는 미팅 전에 고객이 프리랜서에 대해 갖는 이미지를 결정하기 때문이다. 고객에게 더 긍정적인 인상을 줄수록 거래 영역(7장 참조)이 더 높이 올라갈 것이다. 다르게 말하면, 프리랜서 브랜드가 더 강력할수록 더 높은 요금을 청구할 수 있다.

새로운 고객을 찾는 방법

프리랜서로 처음 일을 시작할 때 고객 기반을 만드는 것은 정말 어려운 일이다. 새로운 고객을 어떻게 찾을 것인가? 그들이 나를 어떻게 찾게 할 것인가? 실제로 고객이 한 명도 없는 상태에서 어떻게 프리랜서 일로 생계를 해결할 것인가?

시작하기 전, 이 여정에 어쩌면 시간이 좀 걸릴 수 있다는 것을 받아들여라. 한 걸음 한 걸음 나아가야 한다. 그 한 걸음이 다음 걸음으로 가는 길을 보여줄 것이다. 우리가 시도하는 모든 것이 배움과 발전, 보상을 가져온다는 사실을 기억하라. 실제로 바로 그때 그곳에서는 어떠한 일거리도 따내지 못했을 수 있지만, 그래도 결국에는 도움이 될 것이다.

프리랜서로 성공한 사람들의 이야기는 다 고유하다. 다른 프리랜서에게 어떻게 시작하게 됐는지를 물으면 그들이 걸어온 길이 당신의 여정과 너무 달라서 놀랄 수도 있다. 하지만 거의 모든 프리랜서가 새로운 고객을 찾기 위해 어느 정도 시도해 보는 공통적인 접근법들이 있다.

- 이전 직장, 친구, 가족 등을 통해 이미 알고 있는 사람들을 위해 일하기.
- 기존 고객에게 소개받기. 기존 고객이 지인에게 당신을 추천해 줄 수 있다.
- 일이 너무 많은 다른 프리랜서로부터 소개받기. 그들에게 연락처를 넘겨받아 고객과 직접 거래한다.
- 다른 프리랜서에게서 하청받기. 고객과 연락은 그들이 한다.
- 상호 보완적인 기술이 있는 다른 프리랜서와 파트너가 되어 두 사람 모두를 위한 고객을 유치하기. 웹 디자이너와 백엔드 웹사이트 개발자가 한 팀으로 일하는 경우를 들 수 있다.
- 당신의 기술을 원하는 회사 또는 대행사와 협업하여 서비스를 지원하기. 디지털 대행사, 홍보 대행사, 마케팅 대행사, 법률 사무소 등.
- 웹사이트 방문자에게서 새로운 의뢰 받기.
- 링크 빌딩이나 구글 애드워즈 같은 광고를 통해 웹사이트 방

문자 늘리기.

- 온라인 디렉터리에 이름 올리기. 어떤 기술을 제공하는지 알리거나 더 자세한 정보를 볼 수 있도록 웹사이트로 연결되게 한다.
- 전화로 영업하기. 함께 일해 본 적 없는 사람들에게 전화해 자신을 소개한다.
- 다이렉트 마케팅. 이메일이나 편지를 보내 잠재 고객에게 자신을 소개한다.
- 인적 네트워크 형성하기. 일거리를 줄 가능성이 있는 새로운 인연을 만나기 위해 박람회와 학회 같은 조직적인 행사에 참석한다.
- 소셜 미디어를 통해 자기 일이나 생각, 전문 지식을 공유하기. 인지도와 명성을 높이고, 궁극적으로 더 많은 고객을 유치하기 위한 목적이다.
- 전통적인 방식으로 광고하기. 신문, 잡지 같은 인쇄 매체나 라디오, TV 매체에 광고한다.

이 장의 나머지 부분에서는 이러한 채널을 어떻게 이용하는지 살펴보고, 특히 내성적인 사람에게 가장 효과적인 마케팅 방법을 알아볼 것이다.

오래 할 수 있는 마케팅을 찾자

앞에서 나열한 마케팅 채널들을 모두 이용할 수도 없지만, 그렇게 하는 것을 당신도 여러 가지 이유로 원하지 않을 것이다.

우선, 우리의 자원은 제한되어 있으므로 가장 효과적인 곳에 투입해야 한다. 자원에는 돈뿐만 아니라 시간, 동기, 평판 등이 포함된다. 모두 귀중한 자원이고 어떤 것도 낭비되어서는 안 된다.

둘째, 당신에게 다른 채널보다 더 효과적인 마케팅 방법을 찾자. 예를 들어, 관련성이 높은 디렉터리에 이름을 올리는 것은 단 몇 명의 고객만 데려올 수도 있다. 그렇지만 그 고객들이 장기적으로 당신 곁에 머문다면 몇 배 이상의 값을 할 수 있다. 그와 대조적으로 신문 광고는 '당신을 저 멀리까지 알리는 것'처럼 느껴질 수 있지만 실제로는 당신이 이상적으로 생각하는 고객 다수에는 전혀 닿지 못할 수도 있다.

순수한 노출보다 특정 대상을 겨냥하는 것이 일반적인 원칙이다. 여기에 투자하라. 가능한 한 넓게 그물을 던지는 게 아니라 '가장 가능성 있는 잠재 고객들'을 끌어들이는 데 집중하라. 존속할 수 있는 프리랜서 사업을 구축하는 데는 단 몇 명의 좋은 고객(일을 많이 맡기고 다른 사람에게 많이 추천해 주는 충실한 고객)만 있으면 된다는 사실을 기억하라. 그리고 그것은 내성적인 당신에게 좋은 일이다. 당신은 자연스럽게 소규모로 엄선된 고객 집단을 만들어가는 경향이 있기 때문이다.

셋째, 일부 채널은 특정 기술이 있어야 이용할 수 있고, 그 기술을 배우려면 시간이나 비용이 든다. 예를 들어, 구글이나 페이스북 광고를 효과적으로 만드는 과정에는 진정한 예술이 요구된다. 하지만 일단 어떻게 하는지를 알게 되면 새 광고를 만드는 데 그렇게 오래 걸리지 않는다.

넷째, 당신의 내향성을 존중하라. 마케팅 활동 중에는 (가령, 블로그 활동처럼) 당신이 진짜 즐길 수 있는 활동과 (전화 영업처럼) 진땀을 흘리게 되는 활동이 있다. 당신이 두 번째 유형의 마케팅 전략을 세운다면 그리 오래 가지 못할 것이다. 아마 무작위로 몇 가지 업무를 성의 없이 하고 나서, 하지 않을 이유를 찾기 시작할지 모른다. 오래지 않아 마케팅을 두려워하고, 미루고, 커다란 도전으로 생각하게 될 것이다. 정말 그럴 필요가 없다.

어떤 마케팅을 하든 즐길 수만 있다면, 그것을 하면 된다. 반면에 억지로 해야 하고 절대 자연스럽게 느껴지지 않는다면 다른 방법을 찾아 시도하라. 대안으로 찾은 방식이 이전과 거의 같은 결과를 가져오더라도 혼란이나 심적 고통은 없을 것이다.

- 적합한 사람들에게 닿을 수 있는가? 닿을 수 있다면 얼마나 많

은 사람에게 닿을 수 있는가?

- 그 활동을 즐길 수 있는가?
- 그 활동을 지속할 수 있는가?
- 시간이나 돈, 그 밖에 다른 측면에서 무엇을 투자해야 하는가?
- 이 모든 것을 고려하면, 이 채널이 당신에게 잘 맞는가?

각 마케팅 채널에 대해 위의 사항을 고려해 나에게 잘 맞는 마케팅 믹스Marketing Mix를 찾아라. 마케팅 믹스는 매주 루틴으로 전념할 수 있는 일련의 활동이다. 다른 모든 계획이 그렇듯이 그것을 글로 적으면 실현될 가능성이 더 커질 것이다.

예를 들어, 이렇게 결심할 수 있다.

- 매주 한 명의 새로운 잠재 고객에게 고객 맞춤 편지를 쓴다.
- 매주 링크트인에 최신 정보 2개를 게시한다.
- 한 달에 한 번씩 블로그에 산업 육성에 대한 글을 남긴다.
- 소셜 미디어에서 매주 5명의 새로운 프리랜서나 업계 리더를 팔로우한다.
- 일이 끝날 때마다 추천글을 요청한다.

어떤 마케팅 믹스를 선택하든 '지속 가능'해야 한다. 다시 말해 이러한 마케팅을 지속할 만큼 충분한 시간과 동기가 있다고 확신해야 한다. 마케팅은 다이어트나 운동과 약간 비슷하다. 단발성 업무가 아니라 '과정'이다. 오랜 시간에 걸쳐 계속해서 새로운 비즈니스를 만들어야 하므로 마케팅은 한 번 돈을 크게 쏟아붓는 것으로 끝낼 수 없다.

자신을 홍보하기 위해 매일 또는 매주, 하나씩 작은 일을 하는 것을 목표로 하라. 그런 과정을 통해 감정적으로 더 편안하고, 실제로 발전하고 있다고 느끼게 될 것이다. 또 자신에 관해 이야기하는 습관을 갖게 되어 타고난 겸손과 과묵함을 넘어서 자기 홍보를 할 수 있을 것이다. 공자가 한 말처럼 "멈추지만 않으면 얼마나 천천히 가는지는 문제가 되지 않는다."

나를 광고하는 글 작성하기

2장에서 봤듯이 나 자신과 나의 미래를 서술하는 말은 매우 강력한 힘을 가진다. 내가 무엇을 성취할 수 있는지에 대한 기대감을 키우기 때문이다.

이제 나를 광고하는 글을 씀으로써 다른 사람들에게 나를 어떻게 설명할지 정할 시간이다. 이 광고문은 당신이 고객을 어떻게 도울 수 있고 그들과 일할 때 어떤 모습일지 인식하도록 할 것이다. 또 모든 마케팅 콘텐츠의 기초가 된다.

광고문을 쓰기 위해 2장에서 생각했던 것(기술, 대상 고객, 가치관, 목표)를 떠올려 보자. 그런 다음 그것을 이상적으로 생각하는 잠재 고객들에게 '노출되게' 하라.

당신이 누구이고, 무엇을 하고, 어떤 고객을 대상으로 그 일을 하고, 그들을 어떻게 도울 수 있는지 말하라. 예를 들어 보자.

저는 프리랜서 웹 개발자입니다. 소상공인을 위해 아름답고 효과적인 웹사이트를 구축합니다. 여러분이 새로운 고객들에게 다가가고 온라인 판매를 하고 싶다면 제가 도울 수 있습니다. 디자인은 모든 비즈니스에 새로운 가치를 더한다고 믿고, 제 기술을 이용해 여러분의 사업 성공을 돕고 싶습니다.

나에 관해 쓴 광고문을 큰 소리로 읽어보자. 약간 어색하고 낯설게 느껴질 수도 있지만 괜찮다. 이런 식으로 자신에 관해 이야기하는 것에 익숙해질 것이다. 만약 참을 수 없을 정도로 가식적으로 느껴진다면, 그리고 다른 누군가에게 그렇게 말하는 것을 결코 상상할 수 없다면, 표현 강도를 좀 낮추어도 좋다.

영감을 얻기 위한 팁이 필요하다면 링크트인으로 가라. 사람들이 올린 프로필에는 직책과 좀 더 긴 약력이 포함되어 있어서 참고할 만하다. 당신과 비슷한 사람들이 작성한 것을 읽고 어떻게 쓸지 아이디어를 떠올려 보라.

링크트인에 게시된 프리랜서들의 소개 글을 보면, '자신이 무엇을 할지보다 어떻게 도울 수 있을지'의 측면에서 글을 작성한 경우가 많다. 예를 들면 '직책'을 표현할 때 '소규모 업체들이 블록체인의 가능성을 발견할 수 있도록 돕는 것'이라고 말할 수도 있다. 사용자에게 적합하다면 그렇게 써도 괜찮지만, 사람들은 더 친숙한 용어로 검색한다는 점을 염두에 둬라. 창문 닦는 사람을 찾고 있는 고객에게 '사무실 근로자들이 공간을 깨끗하고 밝게 유지할 수 있도록 돕는다'라는 소개 글은 효과적이지 않을 수 있다(아무리 그 말이 멋지게 들리더라도). 사람들은 일단 '검색'되어야만 서비스를 이용할 수 있다.

퍼스널 브랜드가 필요한가?

브랜드는 사람들이 어떤 제품이나 조직에 대해 가지는 모든 생각의 총합이다. 따라서 어떤 의미에서는 모든 프리랜서가 브랜드를 가진다. 고객들은 필연적으로 그들에 대해 어떤 인상을 형성하고 간직하기 때문이다.

퍼스널 브랜드^{Personal Brand}는 의도적으로 고유한 인상을 만드는 것이다. 자신에게 '최고의 세일즈 트레이너'와 같이 더 특색 있는 직책을 부여하거나 회사를 설립하거나 시각적 정체성을 만듦으로써 고유한 인상을 만들 수 있다. 자신의 만화 캐릭터나 미모지 버전을 만들어 소셜 미디어에서 아바타처럼 활용하는 프리랜서들도 있다.

브랜드화를 통해 당신은 '사진작가'처럼 어떤 범주에 속하는 사람에서 '비즈니스용 인물 사진 전문가'처럼 더 특별한 사람으로 바뀐다. 그것이 브랜드의 힘이다. 브랜드는 다른 어디에서도 얻을 수 없는 무언가를 약속한다. 코카콜라의 맛이나 할리 데이비드슨의 소리를 원하면 진짜 그 브랜드 제품을 가져야 한다.

퍼스널 브랜드는 장점도 있고 단점도 있다. 장점으로는 내성적인 사람이 자신과 일 사이에 어느 정도 거리를 두는 데 도움이 된다. 캐릭터나 브랜드를 만들어 자신이 할 수 없는(아니면 적어도 선호하지 않는) 말과 행동을 하게 할 수 있다. 그것은 당신이 쓰는 마스크나 조종하는 대로 움직이는 꼭두각시와 같다.

이러한 방식으로 자신과 일을 분리하면 고객의 항의나 비판에 대처하기가 더 쉬워진다. 그런 상황은 '당신(사람)이 아닌 일'에 관련된 것이기 때문이다.

단점을 말하자면, 보면, 브랜드를 만들고 유지하는 것은 장기적인 책무이고 시간과 노력이 요구된다. 또한 그 모든 것이 다소 인위적이라는 생각이 들어서 '그냥 나 자신'이고 싶을 수 있다.

결론적으로 어떤 브랜드를 만들든 그것이 귀찮은 일이 아닌 자산이 되어야 한다.

'저'로 할까, '우리'로 할까?

자기 홍보에 익숙하지 않은 사람이라면 자신에 대한 광고문을 쓰는 일이 몹시 괴로울 수 있다.

내성적인 사람은 천성적으로 겸손하고 돋보이는 것보다 주위와 조화를 이루는 것을 선호한다. 그러나 이 책에선 '나는 이런 사람이다', '나는 저런 사람이다'라고 거듭 말하며 자신에 대해 계속 이야기하도록 독려할 것이다.

어느 정도까지는 그것을 그저 감수해야 한다. 프리랜서가 된다는 의미는 자신에 대해 분명하게 말할 수 있어야 한다는 것이다. 최소한 고객과의 첫 만남에서 "어떤 경력이 있고 어떤 일을 하는지 말해주시겠어요?"와 같은 요청에 바로 대답할 수 있어야 한다. 그래서 자신을 소개하는 광고문을 준비하는 것이 유용하다.

하지만 또 다른 선택지도 있다. 프리랜서 일을 개인으로 드러내는 대신 상호를 정하고 '회사'로 소개할 수 있다. 그렇게 하면 자신에 대해 말하거나 쓸 때 '저' 대신 '우리'라고 할 수 있다.

물론 현실적으로는 바뀐 것이 없다. 프리랜서로서 당신은 여전히 한 사람일 뿐이다. 그러나 이러한 입장의 작은 변화가 당신의 태도에 큰 변화를 일으킬 수 있다. 즉, 개인으로서뿐만 아니라 '회사'에 대해 이야기하고 있으므로 자신의 능력이나 경험, 고객에 대해 훨씬 더 거리낌 없이 솔직하게 말할 수 있다. 결과적으로 고객에게 더 긍정적인 인상을 주게 된다.

'우리'로 표현하는 것은 다른 일을 할 때도 도움이 된다. 여러 가지 일을 모두 완수할 능력을 가진 프리랜서가 있다고 가정해보자. 그렇더라도 고객은 한 사람이 많은 걸 잘하면 특별히 잘하는 게 없을지 모른다는 의혹을 가질 수도 있다. 하지만 다양한 서비스를 제공하는 '회사'라면 고객은 이런 능력을 자연스럽게 받아들일 것이다.

'우리'라고 말할 수 있는 가장 확실한 장소는 웹사이트나 소셜 미디어에서다. 고객을 직접 만날 때도 그렇게 말할 수 있다. 하지만 실제로 일을 논의하기 시작하면 어색하다고 느끼는 경우가 생길 것이다. 심지어 고객이 대놓고 이렇게 물을 수도 있다.

"이 회사에서 혼자 일하시나요?"

이런 질문 앞에서는 솔직함이 가장 좋은 방책이다. 내 경험으로는 나 자신을 회사로 표현했다고 해서 나를 얕잡아 보는 사람은 없었다. 오히려 일에 대한 야망과 자신감을 인상 깊게 생각할 확률이 더 높다.

반드시 실제로 회사를 세워야 하는 것은 아니다. 상호만 만들어 자영업을 위한 '간판'처럼 사용할 수 있다. 하지만 회사를 만들면 많은 이점이 있고 특히 돈 관리 측면에서 그렇다.

프리랜서 일은 개인적인 삶을 침범하는 경우가 많다. 그래서 자신과 일 사이에 경계선을 분명히 하는 것이 심리적인 측면에서 도움이 된다. 회사를 설립하면 일이 '그 상자 안'에 있다는 느낌이 더 많이 들 것이다(3장의 '경계 설정' 참조). 그리고 회사를 소유한다는 것은 사업을 확장하고 다른 사람들을 고용하기로 할 때 길이 열려 있음을 의미한다.

웹사이트의 중요성

모든 프리랜서는 웹사이트가 필요하다. 웹사이트는 프리랜서 사업의 공적인 얼굴이고 대부분 고객이 정보를 얻는 방법이다. 고객들은 검색 엔진을 통해 원하는 프리랜서를 찾을 수 있다.

웹사이트는 내성적인 사람들에겐 선물과 같다. 웹사이트가 존재하기 전에는 모든 일감을 직접 우편이나 전화로 받기 위해 분주하게 움직여야 했을 것이다. 상상이 가는가? 지금은 그냥 편안히 앉아서 웹사이트가 당신을 대신해 말하게 할 수 있다. 하지만 그것은 웹사이트 방문자가 실제 고객으로 전환될 수 있도록 웹사이트를 제대로 만들어야 한다는 의미이기도 하다.

그러면 웹사이트에는 무슨 내용을 담아야 할까? 이런 영역들은 반드시 다뤄야 한다.

- 하는 일: 고객에게 제공하는 서비스, 수행하는 프로젝트 유형.
- 서비스 대상: 서비스를 제공하는 고객 유형(개인, 소규모 업체, 중소기업, 대기업, B2C, B2B, 특정 산업)과 위치(지역, 국내, 국외).
- 과거 실적: 어떤 기술을 보유하고 있는지 지금까지 한 일들의 예. 필요하다면 이전 직장에서 한 일을 포함하자. 포트폴리오나 무엇을 했는지를 간단히 설명하는 케이스 스터디, 또는 그 둘의 조합으로 보여줄 수 있다.
- 고객의 말: 고객들의 추천글. 없으면 전 직장 동료나 기타 지인의 추천글도 괜찮다.
- 자기소개: 간단한 약력. 주로 관련 업무 경험에 초점을 맞추고,

얼굴 사진을 포함한다. 사람들을 처음 만날 때 도움이 된다.

- 연락 방법: 연락할 수 있는 세부 사항. 연락 형태, 이메일 주소, 전화번호, 사무실 주소, 찾아오는 길을 안내하는 지도 등.
- 계약 조건: 프로젝트 범위, 일정 관리, 대금 청구 및 지불, 지적 재산, 최종 승인 등 계약서에 포함되는 세부 사항들.
- 행동 유도 버튼: 고객의 행동을 유도하는 장치. 웹사이트의 페이지마다 이런 문구를 넣어 방문자가 실제로 당신에게 연락하도록 유도한다.

그 외에 다음과 같은 내용을 포함할 수도 있다.

- 가격: 대표적인 유형의 프로젝트 샘플 가격이나 미리 정해 놓은 패키지 가격(더 자세한 내용은 7장 참조).
- 접근 방식: 일하는 방식에 관한 서술이나 일에 대한 가치관.
- 소식: 중요한 변화, 이벤트, 프로젝트, 고객 확보 등 세부 정보. 단, 새로운 소식을 꾸준히 업데이트할 각오가 되어 있을 때만 추가하라.
- 블로그 게시물: 프로젝트, 아이디어, 생각, 기술, 경험, 그 밖에 당신이 공유하고 싶은 모든 것에 대한 글(뒤에 나오는 '생각을 공유하는 방법' 참조).

웹사이트에서는 당신이 하는 일을 충분히, 그리고 정확히 설명해야 하고, 같이 일할 때 당신이 어떤 모습인지 보여 줘야 한다. 웹사이트를 만드는 목적은 방문자에게 인생 이야기를 들려주는 것이 아니라 그들이 지금 당장 연락하게 만드는 것이다. 그러므로 선택하는 내용과 디자인이 모두 이러한 목적에 맞아야 한다.

많은 B2B 웹사이트는 결국 대체로 비슷비슷한 느낌이 들기 마련이다. 예를 들어, 메뉴를 구성하는 항목이 모두 앞서 살펴본 목록('우리가 하는 일', '우리에 대한 소개' 등)과 유사하다.

카피라이터로서 나는 이러한 구성이 괜찮다고 생각한다. 방문자들은 서비스를 위해 시장에 나와 있는 바쁜 사업가들이다. 호기심을 자아내는 표현이나 낯선 메뉴 항목을 사용해서는 그 어떤 것도 얻지 못한다. 그저 방해만 될 뿐이다.

디자인에 관해서라면 단순하고 깔끔한 것이 항상 괜찮은 해결책이다. 하지만 시각적인 일을 하거나 웹 디자이너라면 더 강렬한 디자인도 좋을 것이다.

웹사이트를 만드는 가장 빠르고 쉬운 방법은 워드프레스에 있는 테마를 이용하거나 스퀘어스페이스와 같은 웹사이트 제작 플랫폼을 이용하면 된다. 하지만 이런 디자인이 다소 제한적이고 진부하다고 느껴 사이트를 만드는 경우에는 웹 디자이너나 개발자가 필요하다. 그들도 프리랜서라면 이것에 돈을 너무 많이 들일 필요는 없다. 워드프레스 같은 형태를 이용해 제작한다면 운영자가 직접 사이트를 업데이트할 수 있는 기능을 포함해야 한다. 이 기능을 원한다고 미리 언급하는 것을 잊지 말자.

포트폴리오만 만들고 싶다면 콘텐틀리(글쓰기용)나 텀블러, 핀터레스트(이미지용) 같은 플랫폼을 이용할 수 있다. 프로젝트와 문서들을 링크트인 프로필에 추가할 수도 있다. 이렇게 하면 웹사이트를 만들 준비가 될 때까지 임시방편으로 유용하게 활용할 수 있다.

추천글의 힘

추천글은 일에 대한 공정한 평가를 제공하는 자료이므로 매우 강력하다.

잠재 고객들은 추천글을 통해 다른 사람들이 당신이 한 일에 대해 어떻게 생각하는지를 읽을 수 있다. 고객들이 긍정적으로 평가했다면 아마 자신들에게도 도움이 된다고 생각할 것이다. 또 추천글을 보고 나면 당신이 너무 겸손한 사람이라 성과를 드러내지 않는다고 짐작할 수도 있다.

추천글은 많이 받을수록 좋지만, 특히 더 큰 가치를 지닌 글이 있다. 바로 제공하는 서비스의 중요한 측면(기술, 신뢰도, 업무 접근 방식 등)을 강조하는 인용구 모음이다. 일부 고객에게는 어떤 말을 해달라고 요청할 수도 있다.

중요하게 다룰 추천글을 어떻게 고르는 게 좋을지 묻는다면, 여러 가지를 다 포함하기보다는 전체적으로 균형을 이루도록 선택하고 편집하는 것을 목표로 하라.

그런데 잠깐, 추천글을 편집하다니? 정말 그래도 될까?

편집 후에도 그 글을 쓴 고객이 자기 생각을 알아볼 수 있다면 괜찮다고 생각한다. 고객의 글솜씨가 뛰어나지 않을 수도 있고, 그 글을 오로지 호의에서 쓴 것이라면 몇 시간을 들여 인용구를 다듬지는 않을 것이다. 따라서 쓸데없는 말이나 반복, 원치 않는 표현은 들어내도 괜찮다. 책 표지에서 볼 수 있는 인용구('독보적인 작품', '강력 추천' 등)처럼 정말 효과적이고 강렬한 내용이 드러나게 하라.

누가 리뷰를 올리는지, 누가 뭐라고 하는지, 당신이 통제할 수 없는 제3의 웹사이트에 추천글을 호스팅하여 그 글의 신뢰성을 강화할 수도 있다.[10] 또 링크트인에 추천을 요청할 수 있다. 하지만 이런 방식은 위에서 설명한 것처럼 인용구를 편집할 수 없다는 단점이 있다. 따라서 그냥 자신의 사이트에 편집된 버전을 올려놓는 게 나을 수도 있다.

최소한의 네트워킹은 필요하다

만약 악마가 자리를 잡고 앉아 내성적인 사람들을 고문하는 방법을 설계한다면 아마 비즈니스 네트워킹 행사 같은 것을 생각해 낼 것이다.

낯선 장소에 가기, 군중 속에 있기, 모르는 사람 만나기, 자기소개하기, 다른 사람이 자신에 대해 하는 이야기 듣기. 그리고 이런 일을 잘 해내야 하고 그렇지 않으면 내 사업이 절대 성장하지 않을 것이라는 끔찍한 기분으로 이 모든 것을 견뎌야 하는 상황은 내성적인 사람들에게 충분히 고문이다.

하지만 프리랜서는 원하지 않는다면 그런 행사 근처에도 가지 않고 사업을 키울 수 있다. 나는 프리랜서로 15년 이상 일하며 그런 곳에 딱 세 번 갔다. 그중 한 번은 '잠재 고객'의 꾐에 넘어가 갔다.

○

10 프리인덱스(FreeIndex)의 내 평가를 참고하라. https://www.freeindex.co.uk/profile(abc-copywriting)_117528.htm. 이 사이트의 평가를 자신의 웹사이트로 통합시킬 수도 있다.

그러면 왜 그런 네트워킹 행사에 가야 하는가? 그것이 사업을 성장시키는 데 도움이 될 수 있기 때문이다. 그러나 아마 당신이 원하는 만큼 즉시 도움이 되지는 않을 것이다.

사실 서비스 공급자를 찾기 위해 네트워킹 행사에 가는 사람은 아주 드물다. 고객들이 실제로 어떤 일이 처리되기를 원한다면 당신과 내가 하는 일을 구글에서 검색하는 것이 나을 것이다. 따라서 당신은 아마도 그 비즈니스 브런치 자리에서 잠재 고객 여섯 명을 얻게 되지는 않을 것이다. 하지만 그렇다고 해서 그런 자리에 가는 것이 완전히 시간 낭비는 아니다.

첫째, 그래도 미래 어느 시점에 당신에게 일을 맡길 누군가와 연락하게 될 수도 있다. 그러면 그것은 분명히 가치가 있다. 사실, 그 자리에서 바로 거래를 성사시켜야 한다는 어떠한 압박감도 없이 이렇게 잠재 고객을 만나는 것이 훨씬 편하다.

둘째, 네트워크를 확장할 수 있고, 간접적인 소개를 통해 일과 연결될 수도 있다. 어떤 씨앗이 자랄지, 또는 언제 자랄지 미리 알 수는 없다. 그러나 더 많은 사람과 연락할수록 가능성은 커진다. 그리고 최소한, 즐겁게 커피를 마시고 수다를 떨 누군가를 만날 수 있다.

하지만 그러한 이점과 대조되는 것은 그 행사에 가는 데 드는 비용 그 자체다. 이동과 입장에 금전적인 비용이 들 수도 있다.

다른 것에 쓸 수 있는 시간을 사용하는 데 대한 틀림없는 기회비용이 있다.

그리고 마지막으로, 그 경험을 하는 것에 대한 감정적 비용이 있다. 가는 것에 대해 불안해하며 너무 오랜 시간을 보낸다면, 그 행사 참여는 그 정도 가치가 없을 수도 있다.

여러 사람 앞에서 말해야 할 때 특히 그럴 것이다. 그저 낯선 사람들이 가득한 공간으로 걸어 들어가서 자신을 소개해야 하는 상황도 충분히 스트레스가 될 수 있다. 그냥 구석에 서서 아무 말도 하지 않는다 해도, 제대로 네트워크도 만들지 못하면서 시간 낭비를 한 상황을 자책할 것이다. 내성적인 사람에게 육체적 노력이 요구되는 일은 대수롭지 않을 수도 있지만, 네트워크 형성에 관련된 감정 노동은 엄청나게 큰 문제다.

이런 상황을 더 수월하게 대처하려면 위에서 이야기한 '자신에 대한 광고문'을 반드시 작성하라.

그 내용을 머리에 넣어 두면 누군가 당신이 하는 일을 물을 때 정말 도움이 될 것이다. 광고문을 미리 준비하면 대화 과정에서 자신을 보호할 방패를 만들고, 밝히고 싶은 것에 대한 한계를 정할 수 있다. 맞는 말을 하면서도 너무 당황한 나머지 허둥대거나, 말을 너무 많이 하거나, 한마디도 못하는 상황은 아마 당신이 가장 겪고 싶지 않은 일일 것이다.

자연스럽게 행동하라. 그냥 그래야 할 것 같은 의무감에, 또는 행사의 분위기 때문에 외향적으로 보이기 위해 애쓰지 말라. 미래에 좋은 관계를 맺고 싶다면 당신이 함께 일할 때 어떤 모습일지 거짓된 인상을 주는 것은 아무런 의미가 없다. 그 대신 흐름에 맡겨라. 당신에게 잘 맞는 방식으로 행사를 최대한 활용하기 위해 내성적인 사람이 가진 강점을 이용하라.

압박감을 줄이는 가장 쉬운 방법은 사람들에게 질문하고 대답을 주의 깊게 듣는 것이다(5장에서 경청에 관해 중점적으로 이야기했다). 전문가들 대부분은 당신이 그들에게 어떤 일을 하는지 묻거나 조언을 구하면 몹시 우쭐할 것이다. 그리고 한참을 기꺼이 대답하는 시간으로 채울 것이다. 게다가 당신이 몇 마디 말만 했음에도 불구하고 당신을 정말 사려 깊고 총명한 사람으로 기억할 것이다. 그냥 그들의 머리 위에 '내가 중요한 사람이라고 느끼게 해 줘'라고 쓰여 있는 큰 간판이 있다고 생각하라.

다른 누군가와 함께하는 것도 큰 도움이 된다. 모임에서 나와 비슷한 성향의 동료를 찾는 것이다. 그들은 당신의 불안감을 충분히 이해하므로 바로 당신을 버리고 사람들과 어울리기 위해 자리를 뜨는 대신 당신 곁에 있어 줄 것이다.

행사가 끝날 때까지 자리를 지켜야 한다고 생각하지 말라. 피곤하다고 느끼면, 필요한 경우 양해를 구하고 빠져나와라.

그리고 얼마나 오래 머물렀든, 그 이후에는 당신의 내향성 배터리를 절실하게 원했던 고독으로 충전하는 시간을 가져라.

여전히 다이렉트 마케팅을 하는 이유

소셜 미디어의 시대에 시간이 걸리는 일반 우편은 어쩔 수 없이 구식으로 느껴질 수는 있지만, 여전히 긍정적인 기능을 가진다. 그것이 수많은 회사들이 여전히 우편함을 통해 전달되는 우편물을 직접 보내는 이유다. 개인의 주소를 적은 봉투에는 저항하기 어려운 뭔가가 있다.

개인에게 보내는 편지는 선별되었다는 느낌, 친밀한 느낌이 커 내성적인 사람에게 잘 맞는다. "아무에게나 말하고 싶지는 않아"라고 이야기하는 것과 같다. 당신은 메시지를 받을 특정한 사람을 선택하고, 조심스럽게 할 말을 고르고, 답변 또한 진심을 담아 쓸 것이다. 또 이메일은 편지와 전혀 다르지만, 그래도 무차별적인 대량 메일을 보내는 것이 아니라 개인적인 연락 형태로 표현한다면 편지와 비슷한 효과를 낼 수 있다.

고객이 될 가능성이 있는 모든 회사에 무작정 스팸 메일을 보내지 말라. 그 대신 가장 가능성이 높은 대상을 추려라. 메시지를 대충 보낸 다음, 담당자에게 제대로 전달되길 바라지 말고, 메일을 받아야 하는 사람의 이름과 주소를 알아내는 수고를 하자.

편지에서는 구체적으로 말하는 것이 좋다. 왜 특히 당신이, 특히 그 회사에 적합한지 설명하라. 편지는 '나'에 대해 말하는 것인 만큼 '자기 자신'에 관해 자세히 써라. 그런 식이 "저 여기 있는데 혹시 할 일 있나요?"라고 말하는 것보다 훨씬 더 설득력이 있다. 이것은 프리랜서로서 일할 때 갖춰야 할 경청과 즉각적인 응대 태도를 반영하는 방법이기도 하다(5장 참조).

그럼 편지를 보내고 나서 후속 전화를 하고, 바로 미팅을 잡기 위해 노력해야 할까?

그렇게 하라고 말하는 사람들도 있겠지만 나는 잘 모르겠다. 당신이 고객으로 삼고 싶은 사람들도 당장은 당신과 할 만한 적합한 프로젝트가 없을 수 있다. 그러므로 나중에 후속 편지나 전화를 해 기억을 환기시키는 것이 더 효과적일 수도 있다.

후속 연락을 할 때는 "새로운 프로젝트를 시작할 수 있는 여유가 생겨서 혹시 제가 도와드릴 일이 있는지 궁금했습니다"와 같이 말하면 좋다.

성과를 공유해 나를 홍보한다

대부분의 내성적인 프리랜서에게는 '일'이 전부다. 이들은 자신이 주목받는 걸 몹시 싫어한다. 그 대신 자기가 만든 것들이 세상으로 나가 사람들의 관심을 받길 원한다. 그것은 실제 창작품일 수도 있고 고객의 문제에 대한 실질적인 해결책을 의미할 수도 있다.

이러한 결과물을 공유하는 것은 자신을 홍보하는 훌륭한 방법이다. 드러내기를 꺼리는 자기 이야기 대신, 일 측면에서 기대할 수 있는 결과들을 보여주는 것이다.

만약 당신이 창조적인 일을 한다면 이용 가능한 모든 디지털 채널을 통해 노동의 결실을 공유하는 일이 그 어느 때보다 쉽다. 작가라면 트위터, 미디엄 등을 이용할 수 있다. 시각적인 작업을 한다면 텀블러나 플리커, 핀터레스트에 이미지를 공유하거나 카본메이드에서 포트폴리오를 만들 수 있다. 그리고 페이스북은 거의 모든 사람에게 유용하게 활용될 수 있다.

한 일을 사람들에게 직접적으로 보여 줄 수 없다면, 그 대신 맡았던 프로젝트에 대한 케이스 스터디를 작성하고 공유함으로써 성과를 이야기할 수 있다. 이 때 반드시 다음의 내용을 포함하자.

- 고객이 누구이고, 그들이 어떤 일을 하는지
- 고객이 프로젝트에서 무엇을 얻으려고 했는지
- 프로젝트에서 어떤 문제를 해결하려고 했는지
- 어떤 일을 했고, 어떻게 문제를 해결했는지
- 고객이 어떤 결과를 얻었는지

이런 구조를 활용하면 케이스 스터디는 자연스럽게 이야기 형식이 될 것이다. 고객과 그들의 문제로 이야기를 시작해 중간 부분에서는 프로젝트에서 당신이 한 일을 이야기하고, 그것에 대한 결과로 끝을 맺는다.

케이스 스터디에 고객의 추천글을 포함해도 좋다. 위 항목 중 어느 것이나 다룰 수 있지만, '일의 결과'에 관해 쓴 추천의 글이 가장 이상적이다. 긴 인용구를 끝에 덧붙이는 대신, 짧은 인용구들을 이야기 전체에 걸쳐 엮을 수 있는지 살펴보라. 이야기가 전개될 때 고객의 말이 그 일부로 들어가도록 하자. 이것을 어떻게 하는지 보려면 비즈니스 마케팅 자료보다 소설이나 신문 보도를 참고하면 좋다.

고객 대부분은 당신이 한 일을 공유하는 것을 언짢아하지 않을 것이다. 결국 그들을 위한 무료 홍보이기도 하다. 하지만 그래도 공개하기 전에 허락을 받는 것이 좋다. 특히 대행사라면 '풀

서비스(시장 조사부터 매체 계획 수립, 고객 관리 등과 같은 광범위한 서비스)' 업무를 수행하기 위해 프리랜서의 도움을 받는다는 것을 공개하고 싶지 않을 수 있다.

생각 공유하기

생각과 의견을 공유하는 것은 전문가로서 인지도를 높이고 평판을 얻는 훌륭한 방법이다. 자신이 한 일에 대해서만 글을 쓸 수도 있지만, 거기에서 끝나야 하는 것은 아니다. 다음과 같은 주제도 포함할 수 있다.

- 한 일이나 맡았던 프로젝트에 관한 생각
- 조언, 방법 안내, 유용한 정보, 행동 수칙
- 해당 업계의 사람들을 인터뷰한 내용
- 해당 업계의 사건, 변화, 동향에 대한 의견
- 다른 사람의 작업에 대한 평가나 분석

또한, 생각을 공유하는 일을 하다 보면, 그 과정에서 부수적인 학습 효과도 얻을 수 있다. 예를 들어, 다른 사람의 일을 분석하는 것은 어떤 면에서 효과가 있고 효과가 없는지에 대해 생각을 더 가다듬게 한다. 단순히 그것이 좋거나 싫다고 말하는 대신 이유를 말해야 한다.

예전에 나는 이런 게시글을 자신의 블로그에 공유하라고 권하곤 했다. 하지만 최근 몇 년 동안 트위터, 미디엄, 링크트인의 사용자가 늘어나면서 플랫폼들이 크게 성장했다. 따라서 지금은 제3자 사이트(사용자들이 있는 곳에서 그들에게 닿기 위해)와 자신의 블로그(글을 기록으로 남기고, 방문자들이 당신의 생각을 읽어 볼 수 있도록) 모두에 게시글을 올릴 것을 추천하고 있다.

개인적으로 나는 링크트인 게시물의 열렬한 팬이다(클릭해서 읽는 긴 글이 아니라 피드에 보이는 짧은 게시물이다). 1,300자는 세부 사항에 발목 잡히지 않고 생각이나 개념, 아이디어, 짧은 일화를 공유하기에 충분히 길다. 또 많은 참여를 끌어내기도 하고 이미지, 동영상, PDF 파일을 첨부할 수도 있다. 때때로 나는 링크트인에 간결한 게시물을 올리고 블로그에 더 긴 버전을 올린다.

생각을 공유할 때는 얼마나 논란거리가 되고 싶은지 결정해야 한다. 극단적인 것을 선호하는 소셜 미디어의 특성상, 불평이나 비판, 비난은 대체로 더 많이 노출된다. 하지만 동시에 더 비판적인 반응을 끌어내고 심지어 모욕적인 말을 듣는 상황으로 이어지기도 해, 내성적인 사람에게는 깊은 상처를 남길 수 있다. 그래서 나는 요즘 신랄한 게시글을 올리기 전에 오랫동안 열심히 생각하고 벤저민 프랭클린의 지혜로운 말을 기억하려고 애쓴다.

"무엇이든 분노에서 시작된 것은 수치로 끝난다."

+ 마케팅을 좋아하지 않을 수 있지만, 마케팅은 필요하다. 마케팅은 미래의 현금 흐름을 만들어 내는 방법이다.

+ 즐길 수 있고, 꾸준히 할 수 있는 효과적인 방법을 선택해 이상적이라고 생각되는 마케팅 활동을 하라.

+ 자신에 대한 광고문을 작성하고, 시장에서 자신을 어떻게 홍보할 것인지 결정하라.

+ 웹사이트를 제대로 만들어라. 마케팅에서 가장 중요한 부분이다.

+ 인지도와 신뢰도를 높이기 위해 그동안의 성과와 생각을 공유하라. 그리고 그 과정에서 배워라.

7장

가격 정하기

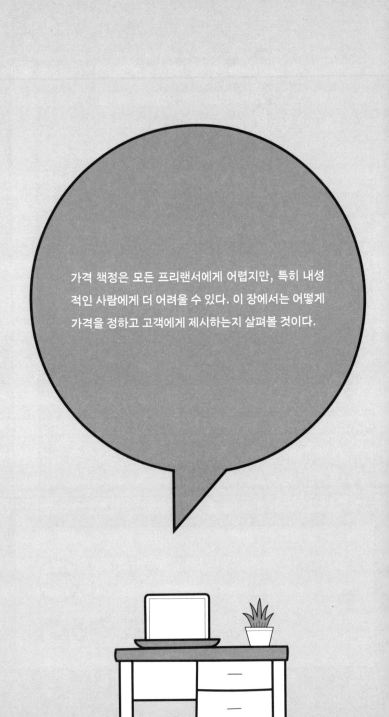

가격 책정은 모든 프리랜서에게 어렵지만, 특히 내성적인 사람에게 더 어려울 수 있다. 이 장에서는 어떻게 가격을 정하고 고객에게 제시하는지 살펴볼 것이다.

가격을 책정할 때 겪는 문제

가격 책정은 내성적인 프리랜서에게 괴로운 일일 수 있다. 가격을 정한다는 것은 하는 일에 객관적인 가치를 부여하고 공개해 당신의 의지를 세상에 내보인다는 의미다. 천성적으로 과묵하거나 겸손한 사람에게는 그 어느 것도 쉽지 않을 것이다.

게다가 높은 가격을 제시하면 곤란한 대화로 이어져 고객이 이의를 제기하거나 비판하거나, 심지어 거부할까 봐 불안할 수도 있다. 그리고 이러한 감정은 자신의 가치나 능력을 어떻게 보는지에 영향을 준다.

기본적으로 가격을 책정하는 일은 당신을 험난한 감정의 영역으로 데려갈 수 있다. 그래서 그것을 피해 갈 방법을 찾고 싶을지 모른다.

한 가지 방법은 새로운 고객을 찾는 대신 기존 고객을 고수하는 것이다. 문제는 기존 고객에게 요금을 인상하는 것이 새로운 고객에게 더 높은 가격을 제시하기보다 훨씬 더 어렵다는 것이다. 따라서 같은 고객의 곁에 계속 머무는 것은 소득 정체를 부르는 지름길이다. 또 단 몇 명의 고객만을 위해 일하는 것은 '너무 많은 달걀을 한 바구니에 담는' 위험이 있다.

새로운 고객을 찾는다고 하더라도 여전히 야망을 억누르고 누군가의 신경을 건드리지 않을 '내성적인 가격'을 책정할 수도 있다. 다시 말하지만, 그것은 당신의 소득이 계속 정체되거나 심지어 감소할 것이라는 의미다.

또 단지 가격에 대해 너무 오래 생각하거나 가격 제시를 차일피일 미룰 수도 있다. 너무 오래 걸려서 일을 놓치지 않는 한, 돈이 드는 것은 아니지만 시간을 낭비하게 된다(4장에서 봤듯이 시간은 가장 귀중한 자원이다).

이 모든 상황이 '행복한 사건'이어야 하는 새로운 문의를 트라우마로 만든다. 앞으로 큰 걸음을 내딛는 대신, 성공을 가로막는 장벽을 세우며 불확실성과 자기 불신의 수렁에 빠지게 된다.

이 장에서는 그 장벽을 돌파할 수 있는 몇 가지 방법을 공유할 것이다.

얼마를 청구할 것인가?

가격은 다음과 같은 여러 가지 요소에 의해 결정된다.

- 기술: 고객을 위해 무엇을 할 수 있고 어떻게 가치를 더하는가?

- 경험: 누구를 위해 일했고 어떤 일을 얼마나 오래 했는가?

- 브랜드와 평판: 이것의 진짜 의미는 고객이 가지고 있는 선입견이다. (선입견이 있으면, 6장에서 이야기했듯이) 관계에 영향을 미친다.

- 시장 특성: 고객에게 제공하는 서비스가 어떤 시장인가?

- 현행 가격: (비록 언제든 바뀔 수 있지만) 일반적인 현행 가격이나 다른 사람들이 대체로 청구하는 금액이 어느 정도인가?

- 고객의 이익: 이 서비스를 제공함으로써 고객의 사업에 얼마나 도움이 되는가?

- 그 이익에 대한 일반적인 인식: 누구에게나 필요한 서비스인가, 아니면 틈새를 겨냥하는 서비스에 가까운가?

- 산업군: 그 일에 들어가는 비용을 고려해 고객의 회사가 어떤 산업에 속해 있는가? (일반적으로 변호사가 이발사보다 돈을 더 많이 번다)

- 일하는 위치: 프리랜서의 생활비, 프로젝트 비용에 대한 고객들의 인식에 영향을 미치는 요소다.

- 고객의 규모와 성숙도: 고객의 자원과 현금 유동성에 영향을 미친다. 예를 들어, 스타트업은 상대적으로 재정적인 어려움을 겪고 있을 수 있다.

- 고객의 위치: 가격에 대해 민감하게 반응할 수 있는 요소다. 예를 들어, 주요 도시에 있는 회사들은 돈을 더 많이 지불하는 것에 익숙할 수도 있다.

이처럼, 냄비에 넣을 재료가 많다. 그러나 어떻게든 이 모든 요소를 분석할 컴퓨터를 구한다고 해도 얼마를 청구하는 것이 올바를지 계산할 수는 없을 것이다. 서류상으로는 매우 비슷해 보이는 프리랜서들도 청구하는 가격은 천차만별로 다를 수 있다. 왜 그럴까?

단서는 위 목록에서 '인식'과 '민감성' 같은 유동적인 요소에서 찾아볼 수 있다. 당신이 가진 경험이나 고객의 사업 특성은 어떻게 해 볼 방법이 없다.

통제할 수 있는 것은 가격을 정하는 기준과 그것을 고객에게 제시하는 방법이다. 그리고 그것은 결국 당신의 사고방식과 접근법에 달려 있다. 이 장의 나머지 부분에서는 이 점을 살펴볼 것이다.

거래 영역의 꼭대기를 목표로

프리랜서로 일하는 것은 미국의 서부 개척 시대를 떠올리게 한다. 규칙과 규정이 거의 없고, 고정된 요금 범위도 없고, 물어볼 수 있는 상급 기관도 없다. 몇 가지 온라인 플랫폼 외에는 가격을 비교하기 위해 다른 프리랜서들이 얼마를 청구하는지 알아내기가 어렵다. 결국 거래는 당신과 고객 사이에서 성사된다.

너무 어려운 일로 느껴질 수도 있지만 달리 보면 자유롭기도 하다. 가격은 유동적이고 역동적이며 현재 기준으로 계속 재창조된다. 다른 사람이 청구하는 금액이나 심지어 지금까지 청구했던 금액을 제시하지 않아도 된다. 모든 새로운 프로젝트가 가격을 바꿀 기회다. 따라서 소득은 불안정할 수도 있지만, 제한을 받지도 않는다.

집을 사는 것과도 약간 비슷하다. 부동산의 물리적 특성에 기초할 때, 시장에서 받아들이는 부동산의 가격 범위는 흐릿하다. '적정' 또는 '공정' 가격은 매도자와 매수자가 모두 동의할 때만 형성된다.

프리랜서는 주어진 프로젝트에 대해 최저 가격부터 이상적인 가격까지, 넓은 범위에서 보수를 제안할 수 있다. 고객에게도 용인할 수 있는 가격 범위가 있다. 그러므로 두 범위가 겹치는 부분이 상호 받아들일 수 있는 가격인 '거래 영역^{deal zone}'이다. 우리의 목표는 최대한 거래 영역의 꼭대기에 가까이 가는 것이다.

그러면 거래 영역은 얼마나 클까? 아마 당신이 생각하는 것보다 클 것이다. 항상 그렇게 보이지는 않을 수도 있다. 프리랜서 일은 대부분 빠르게 가격이 책정된다. 그래서 그 가격이 견고하고 고정된 것으로 느껴질 수 있다. 하지만 실제로는 당신이 생각한 것보다 더 큰 돈이 논의될 수 있었을지 모른다.

우리는 거래 영역을 볼 수 없다. 또 고객마다 다르다. 하지만 시간이 지나면서 피드백을 통해 한도가 어디까지인지를 짐작할 수 있을 것이다.

아무도 당신의 견적가를 수용하지 않는다면 한도를 벗어난 것이므로 다시 생각해야 한다. 모든 견적가가 일로 연결되면 거래 영역의 중간이나 하단에 더 가까운 것이므로 가격을 올리는 것이 좋을 것이다. 그리고 전부는 아니지만, 대부분 계약으로 이어진다면 거래 영역의 꼭대기 근처(고객이 구매를 신중하게 고민하지만, 일반적으로는 구매하는 영역)에 있다고 볼 수 있다.

이 경우가 업무량과 소득의 균형을 유지할 수 있는 가장 좋은 지점이다. 이 수준이 되면 충분한 일거리를 얻고 그 일을 잘 수행해서 상당한 돈을 벌 것이다. 또 들어오는 모든 일을 맡지는 않으므로 스트레스와 과로는 피하면서 양질의 일을 할 충분한 시간을 확보할 수도 있을 것이다.

가격을 책정하는 세 가지 기준

프리랜서가 프로젝트에 가격을 매기는 주요한 방법은 시간, 수량, 프로젝트를 기준으로 하는 것이다.

• 시간을 기준으로 가격을 매기는 방법

시간당, 일당 가격을 정하고 단순하게 프로젝트에 들어가는 시간에 대한 보수를 청구하는 것이다.

이 방법은 단순하고 투명하지만, 당신의 예측 능력에 의존한다. 그 일이 얼마나 걸릴지 미리 계산하거나 대충 어림잡아 말한 뒤 시간을 측정하고 실제 걸린 시간에 대해 청구서를 보내는 융통성 있는 방법에 합의할 수도 있다.

문제는 고객이 추정 시간이나 실제 기록된 시간에 이의를 제기하는 경우다. 그러면 어떤 일이 얼마나 걸리는지를 두고 치열한 논쟁에 휘말리게 된다. 또는 '4시간 동안 얼마나 많이 할 수 있는지'를 두고 실랑이를 벌이듯이 훨씬 더 나쁜 상황이 발생할 수도 있다. 이렇게 되면 그야말로 막다른 골목이고 당신이 제공한 가치에 대해 보상을 받는 것과는 거리가 멀어진다.

하지만 더 심각한 문제는 아웃풋보다 인풋에 초점을 맞춘다는 점이다. 즉, 이 방식은 고객이 얻는 가치보다 당신이 투입한 시간에 대해 청구한다. 그 시간 동안 실제로 수행한 일이나 추가로 창출해 낸 가치에 대해 거의 고려하지 않으므로 완성된 요리보다 재료에 대해 값을 청구하는 요리사와 같다.

경력이 쌓일수록 일을 더 잘, 그리고 더 빠르게 하는 방법을 배우게 된다. 그래서 시간을 기준으로 가격을 매기는 방법은 일하는 속도가 빠르고 그것을 솔직하게 드러내는 프리랜서에게 불리하다. 고객은 실제로 작업에 얼마나 오래 걸리든 프리랜서의 경험에서 나오는 품질에 대해 프리미엄을 지불해야 한다.

하지만 시간을 기준으로 가격을 매겨야 하는 일도 있다. 예를 들어, 나는 고객이 회의나 행사에 참석해 달라고 요청하면 그것에 드는 시간 기준으로 청구하겠다고 말한다. 그리고 보통 한나절 요금을 최소 요금으로 책정한다. 만약 이런 제안을 받는다면 현실적인 면을 다 반영해야 한다. 회의 시간은 2시간이지만, 이동 시간 때문에 그날 다른 어떤 일도 할 수 없다면 고객에게 하루 전체에 대한 요금을 청구해야 한다. 이런 주장을 하는 연습도 필요하다.

- 수량을 기준으로 가격을 매기는 방법

이것은 작업 결과물의 각 구성단위에 대해 요금을 청구하는 방식이다. 모든 사람에게 맞는 방법은 아니지만 예를 들어, 글을 쓰는 일의 경우, 글자 수에 따라 가격을 책정할 수 있다. 문제는 모든 글자를 다 같은 기준으로 평가할 수 없다는 것이다. 세 어절로 된 슬로건을 만드는 작업이 3,000자로 된 글만큼 완성하는 데 오래 걸릴 수도 있다. 나는 나이키의 'Just do it'이 그런 경우라고 확신한다. 다시 말하면, 수량 기준으로 가격을 책정하는 것은 대체로 당신이 제공하는 가치를 반영하는 최상의 방법은 아니다.

- 프로젝트를 기준으로 가격을 매기는 방법

나는 이것이 가장 좋은 방식이라고 생각한다. 이 방법을 사용하면, 프로젝트를 위해 수행하는 모든 작업에 대한 비용을 단 하나의 수치로 견적을 낼 수 있다. 물론 그 일을 하는 데 드는 시간을 고려해야 하지만, 그만큼 중요한 것은 작업 결과물에서 고객이 얻을 수 있는 가치다.

예를 들면, 경영 컨설턴트를 위한 웹사이트를 설계한다고 해보자. 웹사이트는 그들의 비즈니스를 보여주는 쇼윈도이자 아마도 고객과 가장 처음으로 만나는 공간일 것이다. 그들은 거액의 수수료를 낼 회사를 끌어들이기 위해 웹사이트를 이용할 것이다.

따라서 단지 일한 시간이나 웹사이트의 페이지 규모가 아니라 이 작업이 고객에게 가져다 줄 가치를 반영해 가격을 책정해야 한다.

프로젝트 가격을 산출하기 위해서는 명목상의 일일 요금을 정해 대략적인 기준으로 활용하는 것도 괜찮은 방법이다. 목표 소득을 일할 날짜로 나누면, 이것을 구할 수 있다. 예를 들어, 1년에 5만 파운드(약 8천만 원)를 주말과 휴일을 고려하여 240일의 근무일로 나누면 하루에 약 208파운드(약 33만 원)가 된다. 따라서 어떤 일을 하는 데 한나절이 걸릴 것 같다면, 어떤 뜻밖의 일이 생길 수도 있으므로 150파운드(약 24만 원)를 요구할 수 있을 것이다. 그때 이것을 '한나절'이라고 말하지 않고 기본적인 프로젝트 단가로 하여 견적을 낸다.

프로젝트를 기준으로 가격을 매기는 방법은 심플해서 좋다. 하나의 일, 하나의 가격이라는 단순함이 매력적이다. 그 돈을 받고 정확히 무엇을 하고, 무엇을 넘겨줄 것인지 말한다는 점에서 투명하기도 하다. 그 일에 들어가는 시간 측면에선 투명하지 않지만 그것은 당신이 상관할 바가 아니고 고객이 생각할 문제다.

이 방법의 유일한 단점은 프로젝트를 신중히 검토해야만 가격을 매길 수 있다는 것이다. 그리고 고객은 프로젝트에 필요한 정보를 제공해야 한다. 필연적으로 이런 일에는 모두 시간이 걸린다.

긍정적인 면을 생각하면, 견적을 내는 과정에서 당신이 가진 지식과 성실함을 보여줌으로써 고객의 마음을 사로잡을 수 있다. 예를 들면, 실제로 무엇을 할지에 대해 너무 많이 알려 주지는 않으면서 어떤 접근 방식을 취하려고 하는지 설명하면 좋다.

결론적으로 최대한 창의적이고 유연한 방법으로 가격을 책정해야 한다. 그 방법이 사업을 발전시키고 목표 소득으로 나아가게 한다면 훌륭한 선택이다. 그러나 발전을 방해한다면 다시 생각할 필요가 있다.

패키지 가격 제안하기

가격 책정 과정에서 시간을 아끼는 한 가지 방법은 몇 가지 일을 묶어서 고정 가격에 구매할 수 있는 상품이나 패키지, 번들로 바꾸는 것이다. 예를 들어, 디자이너는 로고, 명함, 기본 리플릿을 포함하는 '스타트업 팩'을 제안할 수 있다. 개별 요소 각각에 대해 명목상의 가격을 제시한 다음, 이를 모두 합친 것에 대해 할인된 가격을 부르면 매력적으로 들릴 수 있다.

패키지 가격은 프리랜서 일을 홍보하는 데 도움이 되면서도,

고객이 이의를 제기하기 어려운 '좋은 가격'을 책정해야 한다. 그리고 가격을 현명하게 책정하는 한, 항상 좋은 평가를 받을 것이다.

이렇게 미리 정해 놓은 패키지는 내성적인 사람들에게도 좋다. 일 견적과 관련된 상호 작용을 크게 줄일 수 있기 때문이다. 프리랜서는 패키지 가격을 웹사이트에 올려놓기만 하면 된다. 선택은 고객의 몫이다. 다만 부정적인 측면을 보면, 견적을 내는 과정에 직접 참여할 기회를 놓칠 수 있다.

가격을 제대로 말하는 기술

우리가 같이 술을 한잔하고 있다고 상상해 보라. 내성적인 프리랜서 둘이서 가격 전략에 관해 이야기를 하다 한 사람이 갑자기 이렇게 말한다.

"너 내 차 살래? 800만 원에 줄게."

이런 말을 들으면 맥주를 얼마나 많이 마셨든(설사 차를 살 마음이 있다고 해도) 몇 가지 질문을 할 것이다. 같은 맥락에서 당신은 고객에게 왜 가격을 그렇게 정했는지 설명해야 하고, 고객은 그 숫자가 진짜 의미하는 것이 무엇인지 이해할 수 있어야 한다. 프로젝트가 크면 클수록 더 중요하게 생각해야 할 점이다.

고객에게 다른 말을 꺼내기 전에 항상 "문의해 주셔서 감사합니다. 이 프로젝트를 맡게 된다면 정말 기쁠 것 같습니다"와 같은 말을 하라. 이 표현에는 고객의 일이 당신에게 중요하고, 서비스 공급자에 대한 선택권이 고객에게 있음을 인정하는 의미가 담겨 있다. 당신과 가장 오랫동안, 가장 친숙하게 지내는 고객이 새로운 프로젝트에 대해 문의할 때도 이렇게 말해야 한다. 그래야 당신의 제안이 단지 사업상 거래나 금융 거래가 아닌, 고객의 일을 진심으로 도와주고 싶다는 마음으로 전해질 수 있다.

대형 프로젝트의 경우, 고객이 왜 당신을 선택해야 하는지 그 이유를 보여주는 것에 집중해야 한다. 당신이 그 프로젝트의 적임자라고 생각한다면 그렇게 말하라. 이전에 이룬 성과를 강조하며 이 프로젝트와 얼마나 관련이 있는지 설명하라. 다른 고객들을 위해 달성한 성과를 언급하거나 케이스 스터디를 작성해(6장 참조) 그 링크를 전달하는 것도 좋다.

이제 제안서를 간단히 작성하자. 제안서에는 프로젝트를 위한 실무 외에도 많은 일이 포함된다는 것을 기억하라. 선택적인 추가 작업, 또는 단순히 준비 과정으로 생각할 수 있는 과업들이 실제로는 당신이 제공하는 가치의 주요한 부분이다.

예를 들어, 제안서에는 다음을 포함할 수 있다.

- 구체적인 제안이나 그동안 이룬 성과에 대한 참고 사항
- 참석한 회의나 프로젝트에 관련된 사람들과 나눈 의견
- 제품, 시장, 경쟁사, 고객 조사
- 프로젝트 관리
- 아이디어 개발(실행뿐만 아니라, 생각도 포함)
- 피드백에 대한 답변 및 수정
- 기타 사항

제안서에 '단지 머릿속 생각'을 포함하는 것을 두려워하지 말라. 고객은 당신의 양손뿐만이 아니라 머리를 고용했음을 기억하라.

가격을 제대로 말하려면 '가장 나중에' 말하라. 당신이 그 일에 적합한 이유, 그 일에 대한 접근 방식, 납품까지 걸리는 예상 기간을 설명한 다음, 결론 부분에서 "이 기준에 따라 이 일을 수행하기 위한 제 가격은 200만 원입니다"라고 말하라. 그러면 고객은 이렇게 생각할 것이다.

'좋아, 그러니까 나는 이 모든 걸 얻는 데 대한 비용으로 200만 원을 내는구나.'

하지만 가격을 먼저 말하면 고객은 가격을 듣자마자 이렇게 생각할 것이다.

'정말? 그럼 나는 그 금액을 내고 뭘 얻을 수 있지?'

그러면 당신이 작성하는 제안서의 나머지 부분은 잘해야 본전이 되고 말 것이다.

급하게 제안하지 말자

고객은 당신의 제안이 마음에 들지 않으면 다른 누군가에게로 옮겨갈 수 있다. 그러나 당신에게는 이 거래를 성사시킬 기회가 단 한 번밖에 없다. 따라서 중요한 프로젝트에 대해 견적을 준비하고 있다면 제대로 전달하기 위한 충분한 시간과 공간이 필요하다. 특히 그 일이나 그 고객을 정말 원한다면 더 그렇다.

사실 고객도 올바른 구매 결정을 내리기 위한 시간과 공간이 필요하다. 만약 당신이 거래 영역의 꼭대기를 목표로 한다면, 고객도 아마 제시한 가격에 대해 심사숙고하고 결정할 시간이 필요할 것이다. 다른 제안도 더 받아서 서로 비교해 보고 싶을 수도 있다.

특히 중대한 가격을 실시간으로 논의하는 '라이브' 방식은 내성적인 사람에게 가장 좋지 않은 방법이다.

고객과 대면하거나 통화하고 있을 때 고객이 가격을 실시간으로 물으면 성급하고 경솔한 답변을 하기 쉽다. 게다가 가격을 제대로 책정할 여유가 없어 결과적으로 너무 낮은 가격을 말할 것이 거의 확실하다. 그리고는 그 말이 입에서 나오는 그 순간에 바로 후회할 것이다.

기본적으로 그 논의를 가능한 한 빨리 글로 옮겨 이어가는 것이 좋다. 고객이 당신을 난처하게 만든다면 이렇게 말하라.

"제가 좀 생각해 보고 오늘 늦게 이메일로 답변드려도 될까요?"

고객은 거절하기 어려울 것이다. 당신은 여유를 가지고 모든 비용이 포함된 상세한 제안서를 준비하면 된다.

이 방법은 고객이 '대략적인' 가격을 질문할 때도 활용할 수 있다. 고객은 때때로 비슷한 공급자들끼리 가격을 기준으로 재빨리 비교하기 위해 대략적인 가격을 묻는다. 이해는 간다. 하지만 당신은 대화의 주제를 각 프로젝트에 제공하는 '특별한 가치'에 관해 이야기하고 싶을 것이다.

대략적인 가격을 질문할 때 대응하는 한 가지 방법은 다른 사람들과의 비교를 위한 기준으로써 명목상의 일당을 밝히는 것이다. 하지만 그것은 맥락이 고려되지 않은, 거의 아무 의미가 없는 숫자일 뿐이다. 가능하면 가격에 숫자뿐만 아니라 설명을 덧붙여라. 하지만 그 일거리를 얻는 데 그렇게 연연하지 않는다면 있는 그대로 대략적인 가격만 말해도 좋다.

대략적인 가격도 좀 더 틀을 갖춰 말할 수 있다. 예를 들어, 나는 일당을 언급할 때 "저는 어마어마한 브랜드에서 일을 맡기는 창조적이고 잘 나가는 사람은 아니지만, 고객들의 추천글에서 볼 수 있듯이 꾸준히, 다양한 분야에서 고객을 돕는 일을 하고 있습니다"라는 말을 덧붙인다. 이 말을 들으면 고객은 내가 자신에게도 적임자인지 생각한다. 또한 이런 말은 시장에서의 내 가치를 높이는 데도 많은 도움이 되었다.

'보내기'를 클릭하는 용기

가격을 책정하는 과정에서 종종 부딪치는 가장 큰 장애물은 최종적으로 견적가를 전송할 때다. 좋든 나쁘든 그 한 번의 클릭으로 가격이 매겨진다. 이후의 결과는 신의 소관이다. 통제하는 걸 좋아하는 내성적인 사람에게 그것은 매우 두려운 상황이다.

내가 이 장애물을 어떻게 극복하는지 이야기하려 한다. 어쩌면 당신에게도 도움이 될 것이다.

먼저 어떤 방법이든 자신에게 맞는 가격 책정 방법을 이용해 만족하는 가격을 정한다. 그다음엔 머릿속에서 모든 생각을 의식적으로 내려놓는다. 그 일에 투입할 시간, 그 일을 얼마나 원하는지, 다른 사람들은 얼마를 청구할지, 이번 달에 얼마를 벌었는지, 간절히 사고 싶은 자전거 등…. 또한, 고객의 생각이 무엇인지, 또는 거래 영역이 어디쯤일지 추측하는 것을 의식적으로 멈춘다.

그것들이 재료였지만 이제 빵은 구워졌다. 가격은 정해졌다. 빵을 굽기 전으로 되돌릴 수 없듯이 가격도 되돌릴 수 없다.

당신이 제시한 가격은 이제 이메일에 적힌 숫자에 지나지 않는다. 두 회사 간에 교환되는 데이터 항목일 뿐이다. 당신이 청구하는 것이 아니고 단지 '이 프로젝트의 비용'인 것이다.

실제로 이 사고방식은 어쩌면 당신이 생각하는 것보다 고객과 더 가까워지는 방법일 수 있다. 그렇다. 어떤 고객들은 지나치게 가격에 초점을 맞추고, 또 어떤 고객들은 모든 것을 감정적으로 받아들인다. 그러나 대부분은 단순하게 가격을 확인한다.

물론 그들은 일부 가격이 다른 곳보다 높다는 것을 알아차릴 수도 있다. 그러나 그것이 시장의 성질이다. 아마도 대부분은 그 가격이 더 높은 품질이나 더 뛰어난 기술, 또는 더 많은 경험을 나타낸다고 추정할 것이다. 고객들은 분명 어떤 일에 대해 특정 가격을 매겼다는 이유만으로 나쁜 인상을 가지지는 않는다.

그 점을 염두에 두고 고객의 생각을 추측하는 것을 멈추고 '보내기'를 클릭하라. 어떤 일이 일어나든 괜찮을 것이다.

웹사이트에 가격 게시하기

이것은 프리랜서들 사이에서 일부는 강력하게 찬성하고 일부는 단호히 반대하는 아주 뜨거운 주제다.

웹사이트에 가격을 게시하는 가장 주된 이유는 투명성이다. 고객은 이 프리랜서가 시장 내에서 어떤 위치에 있는지, 그리고 얼마를 내야 하는지 즉각 알 수 있다. 프리랜서에게는 시간을 낭비하게 하는 사람들, 제시한 가격을 감당할 수 없는 사람들을 단념시키는 데 도움이 된다.

더 미묘한 측면으로는 가격을 숨김없이 제시함으로써 솔직하고 열려 있다는 인상을 줄 수 있다. 그리고 그런 점이 고객에게 실제로 얼마를 청구하는지와 관계없이 긍정적인 느낌을 주게 된다.

단점은 고객이 의뢰할 프로젝트에 딱 맞는 가격을 제안하지 못한다는 것이다. 고객들은 사이트에 들어와 가격을 클릭하고는 '와, 너무 비싸다!'라고 생각하며 그 돈을 내고 무엇을 얻을 수 있는지 제대로 알지 못한 채 떠날 수도 있다.

또한 사이트에 올린 가격을 보고 솔직하다고 생각하는 사람들도 있지만 과시한다, 심지어 오만하다고 느끼는 사람들도 있다(여기에서 각 국가의 문화적인 특성이 크게 작용한다. 내 경험상 미국 프리랜서들이 영국 프리랜서들보다 돈 이야기를 훨씬 더 편하게 한다. 다른 국가에서는 또 상황이 달라질 수 있다).

어떻게 하기로 하든 자기 마음이 편안해야 한다. 나는 개인적으로 돈 이야기를 언제 어떻게 할지에 대해 어느 정도 통제하는 것을 선호한다. 그러나 많은 프리랜서가 가격을 공표하고 그 결과에 완벽하게 만족하고 있다는 사실도 잘 알고 있다.

내성적인 사람은 웹사이트가 자신을 대신해 이야기하고 서비스를 판매하고, '시간 빨대'를 제거해 주어서 좋아할 수 있다. 그러면서도 한편으로는 자신이 얼마를 버는지 만천하에 드러내는 것에 대해 부담을 느낄 수도 있다. 결국, 어떤 선택을 하든 당신이 결정할 문제다.

깎아 주기

언젠가는 반드시 가격을 흥정하는 고객을 만나게 된다. 일이 잘 풀리지 않을 때라면 이 상황이 정말 스트레스를 유발할 것이다. 하지만 그렇더라도 그것에 완전히 굴복하지 않고 대처할 방법을 반드시 찾아야 한다.

고객은 가격을 깎아야 하는 다양한 이유를 말한다. 어떤 사람들은 원칙에 따라야 해서, 또는 전사적인 비용 관리 정책 때문에 할인을 받으려고 한다. 하지만 5장에서 본 것처럼 할인 요구가 관계 초기에 기선을 제압하려는 시도일 수도 있다.

할인 요구, 또는 그 방식에 불편함을 느낀다면 정중하지만 단호하게 프로젝트를 거절함으로써 당신의 직감에 따라 행동해야 할 때다. 그러면 어떤 고객은 단념하고 예의를 지키려고 애쓸 것이다. 그러나 어떻게 보면 이미 엎질러진 물이다. 이 고객과 계속 이야기할지는 당신의 선택에 달려 있다.

어떤 고객은 작은 사업체 혹은 스타트업을 운영하고 있어서 예산이 빠듯하다고 말할 것이다. 확실하게 반박하는 방법은 당신도 작은 사업체이고 자선 단체가 아니라고 말하라. 하지만 스타트업은 특별한 경우가 될 수 있다. 그 기업이 살아남아 번창하는 경우, 일찌감치 그들에게 '해결사' 같은 존재로 자리를 잡으면 여러 모로 좋은 점이 있다. 그 기업이 성장하는 데 큰 역할을 할 수도 있고, 브랜드를 구축하는 일과 같이 처음부터 같이 하지 않으면 맡기 어려운 일들을 경험할 수도 있다.

대체로 깎아 주는 쪽이 마음이 더 편하다면 자기 자신을 과소평가하지 않도록 노력하라. 우선 고객에게 얼마를 지불할 용의가 있는지 물어보자. 이렇게 하는 것은 당신이 먼저 가격을 제시했기 때문에 지극히 합리적이다. 고객이 가격을 제안하면 그것을 받아들일지 아니면 수정 제안을 할지 결정하면 된다. 고객이 말하기를 거부하면 10%와 같이 아주 근소한 할인을 제안하고 어떻게 나오는지 봐라.

어떤 때에는 고객의 예산이 정해져 있어서 그 범위 내에서 진행해 달라고 요청할 수도 있다. 그 조건이 당신의 거래 영역 밖에 있다면 할인가에 모든 일을 하는 것에 동의하기보다 일의 범위를 줄이는 것, 달리 말하면 프로젝트의 일부만 하는 것을 제안하는 것이 좋다. 그렇게 하면 가격에 대해 양보하지 않고도 그 일을 맡을 수 있다. 고객도 귀중한 예산이 영향을 받지 않기 때문에 체면이 선다. 그리고 당신이 한 일이 아주 마음에 들어서 결국 프로젝트의 나머지 부분을 맡길 수도 있다.

어떤 일을 이 사람에게 맡기는 것 외에 다른 수가 없다고 느끼면 처음에 말한 것보다 예산이 훨씬 더 탄력적으로 집행되는 경우가 많다.

무보수로 일할 때 주의할 점

무보수로 일한다면 그 이유가 무엇일까? 초장기에는 기술을 익히거나 경험을 쌓고 싶을 것이다. 포트폴리오에 넣을 프로젝트나 긍정적인 추천글이 필요할 수도 있다(6장 참조). 보수를 받지 않고 일하는 것이 특정 고객을 얻는 데 도움이 되거나 나중에 더 돈이 되는 다른 고객들과 일하는 데 디딤돌이 되어 줄 거로 기대할 수도 있다.

이렇게 개인적인 목적과는 별개로 친구나 가족, 자선 단체를 돕고 싶어 무보수로 일하기도 한다. 확실히 자리를 잡은 많은 프리랜서가 오직 이 이유로 '프로보노$^{\text{pro bono}}$' 일을 한다.

무보수 일의 가장 큰 문제점은 너무 당연한 이야기지만, 돈을 못 번다는 것이다. 그러나 그 이상으로 고객과의 관계가 왜곡되는 경우도 발생한다. 프리랜서는 결국 억울하다거나 이용당했다고 느낄 수도 있고, 고객은 직접 돈을 투자하지 않았으므로 프로젝트를 아주 진지하게 받아들이지 않거나 그 경계를 존중하지 않을 수도 있다.

이런 상황을 피하려면 나중에 오해가 없도록 사전에 정확히 어떤 일을 할지 합의를 봐야 한다. 또 고객이 프리랜서에게 일을 의뢰해 본 경험이 얼마나 많은지, 그리고 그것이 당신에게 어떤 영향을 주는지 생각해 보는 것이 좋다.

때로는 친구를 위해 일하는 것이 낯선 사람을 위해 일하는 것보다 더 힘들다. 이러한 관계에서 어떻게 행동해야 할지 어렵고, 친구에게 강한 어조로 말해야 하는 상황이 되면 난처해지기 때문이다. 어떤 일 경험도 친구 사이가 틀어지는 것을 감수할 만큼 가치 있지는 않다.

무료 샘플 제공해야 하나?

때로는 고객이 프로젝트가 시작되기 전에 무료 샘플을 요구하는 경우가 있다. 고객은 이렇게 말할 수 있다.

"일을 맡기기 전에 우리를 위해 무엇을 할 수 있는지 보고 싶어요."

이미 포트폴리오를 전달했더라도 고객은 자신을 위해 특별히 무엇을 제공해 줄 수 있는지 알고 싶다는 것이다. 그것이 타당한 주장인지는 당신의 판단에 맡기겠다.

시간이 많이 안 걸리고 그렇게 바쁘지 않다면 그냥 무료 샘플을 해치워버리는 것도 괜찮을 수 있다. 그러나 그렇더라도 항상 유념해야 할 사항이 있다.

우선, 어떤 상황에서 이런 요구를 하는지 따져봐야 한다. 또 다른 누가 참여하는가? 누구와 어떻게 비교되는가? 비교나 평가의 기준은 무엇인가? 테스트를 통과하면 일을 하기로 약속이 되어 있는가? 아니면 고객이 단지 시장을 테스트하고 있는 것인가? 가끔 편집을 공짜로 하기 위해 편집해야 할 자료를 여러 개로 나눠 여러 명의 프리랜서에게 보내며 샘플 편집을 요청하는 사람도 있다!

그 다음으로 일의 선후가 바뀌는 문제가 없는지 살펴야 한다. 프리랜서는 적절한 제안서를 제출하기 전에 프로젝트를 알아가는 데 시간을 보내야 한다. 깊은 물 속으로 바로 뛰어듦으로써 의지를 보여줄 수도 있지만, 수영하는 대신 물에 빠져버린다면 누구에게도 도움이 되지 않는다.

같은 이유로 당신이 이 일을 하는 데 얼마나 많은 시간을 쓰고 있는지 끊임없이 걱정한다면 최선을 다하기가 어렵다. 돈을 아예 안 받든 적게 받든, 당신의 가치보다 덜 받는 것은 그 무엇보다도 의욕을 꺾는 것이다.

무료 샘플을 요구할 때 대응할 수 있는 한 가지 방법은 유료 샘플을 제안하는 것이다. 예를 들어, 프로젝트의 일부를 진행해서 제출하겠다고 말한다. 그것이 고객의 마음에 들면 계속 일하고 그렇지 않으면 합의된 분량에 대해 청구서를 보내고 악감정 없이 관계를 끝내면 된다.

하지만 이 접근법은 '프로젝트를 실제 몇 개로 나눌 수 있을 때만' 적용할 수 있다. 예를 들면, 나는 카피라이터로서 웹사이트의 한두 페이지를 작성하고 상당히 완성된 상태로 만들 수 있다.

하지만 그 프로젝트에 많은 조사가 필요하다면, 그렇게 하기 어려울 수도 있다.

또 어떤 분야에서는 이런 방법 자체가 불가능하다. 예를 들어, 로고 디자이너는 완성된 작업이 아닌 예비 스케치를 보여주거나 고객이 가져가서 사용할 수도 있는 거의 최종적인 디자인을 보여줘야 한다.

돈을 받지 못할 때

프리랜서라면 누구나 한 번쯤은 돈을 받지 못하는 문제를 해결해야 하는 때를 만나게 된다. 흔치 않은 일이므로 지나치게 걱정할 필요는 없다. 내 경우엔 프리랜서로 일을 시작한 이래 떼인 돈이 총소득의 0.5%를 넘지 않는다. 하지만 일어날 수 있는 일이니 살펴보자.

기본적으로 계약서를 써서 문제를 최소화할 수 있다. 그러나 계약서에 뭐라고 썼건 고객이 돈을 안 낼 수 있다. 연락을 시도하고 더욱더 강한 어조의 편지를 보내고 어쩌면 법적 조치를 하는 과정에 착수할 수도 있다. 고객이 해외에 있다면 (그 파렴치한 고객이 잘 알고 있는 것처럼) 모든 과정이 훨씬 더 복잡하게 그 일의 가치에 비해 큰 골칫거리로 전락한다.

모든 빚이 같지는 않다. 그것을 받기 위한 노력에 드는 기회비용 대비 청구서의 가치를 따져 봐야 한다.

예를 들어, 받지 못한 돈이 이틀 치 일에 대한 보수이고 그것을 독촉하는 데 하루를 낭비해야 한다면 순수하게 얻게 되는 결과는 하루치 보수일 것이다. 그렇다면 받지 못한 돈은 잊어버리고 또 다른 고객을 위해 하루 일하면 경제적으로 같은 결과를 쉽게 얻을 수 있다. 게다가 마음이 훨씬 편안하고 상황이 나아진다고 느낄 수 있다.

물론 그 이틀을 잃어버렸다는 사실은 바뀌지 않는다. 경제학자들은 그것을 '매몰 비용'이라고 부른다. 어떻게 해도 그 시간은 되돌릴 수 없다. 정말 중요한 것은 '지금 어떤 선택을 하느냐'이다.

내 경우, 가장 괴로운 점은 빚을 독촉하는 데 요구되는 감정노동이었다. 나는 과거에 돈을 내지 않은 사람들을 많이 찾아다녔고 심지어 한 사람은 법정까지 데려가기도 했다. 그러나 지속된 분노, 원한, 피해망상의 무게가 궁극적으로 그 돈 자체보다 더 큰 피해를 가져왔다는 것을 깨달았다.

그리고 그렇게 했는데도 돈을 하나도 받지 못한다면 돈을 받으려고 한 것이 상황을 더 악화시킬 수 있다. 따라서 그저 감정의 응어리를 풀기 위해서 내심 빚을 탕감해 주고 싶었다면 이제 자신을 그만 괴롭히고 그 빚을 그냥 놓아줘라.

프리랜서의 가격 책정 5단계

나는 수년 동안 가격 책정에 대한 내 태도가 변화되어 왔음을 안다. 보통은 앞으로 나아갔지만 때로는 한 걸음 뒤로 물러서기도 했다. 나는 이것을 '프리랜서의 가격 책정 5단계'라고 부른다.

- 1단계. '내가 제시한 가격이 더 낮으면 날 선택하겠지'라고 생각한다.

이제 막 시작할 때는 초보자의 가격이 괜찮게 느껴진다. 아직 그렇게 자신 있지 않고 게다가 내성적인 사람이라면 자신을 너무 많이 드러내지 않는 것이 덜 불안하다.

단순하게 전체적으로 낮은 가격을 제시하는 형태를 취할 수도 있고, 다양한 접근 방법으로 이런 가격을 끌어낼 수도 있다. 예를 들어, 첫 거래 또는 대량 거래 시 할인, 무료 샘플, 별도의 요금 없는 추가 작업 수행 등이다.

저가에 일을 맡아 하는 경우, 문제는 뿌린 대로 거둔다는 것이다. 제시한 가격이 불안감이나 조심스러움에 기반한 것이라면,

그런 감정을 시장에 투영하게 된다. 고객은 그것을 알아차리고 반응한다. 저가는 저가를 낳는다.

가격은 사람들이 가치를 인식하는 방식에 영향을 미친다. 마트에서 물건을 살 때를 떠올려 보자. 더 싼 물건의 품질이 더 좋다고 생각하는가, 더 나쁘다고 생각하는가? 고객을 저가로 유인하려고 하는 것이 실제로는 그들을 밀어내고 있을 수 있다. 또는, 비교를 통해 경쟁 상대만 더 나아 보이게 하고 있는지도 모른다.

- 2단계. '다른 사람들과 마찬가지로, 나는 성장할 만한 공급자다'라고 믿기 시작한다.

그래서 이렇게 묻게 된다. '다른 사람들은 얼마를 청구하지?' 그리곤 시장을 바라보기 시작한다. 내성적인 사람으로서 지금까지는 별로 하고 싶지 않았던 일이었을 것이다.

업워크, 오데스크, 파이버, 이랜스와 같이 '프리랜서 구인' 사이트에서, 아이디어를 얻을 수 있다(거기에서 보이는 가격들은 낮은 편에 속할 가능성이 크지만). 또 거래 단체들이나 수익 설문 조사에서 유용한 기준점을 발견할 수도 있다. 또는 동료 프리랜서를 사귀어 얼마를 청구하는지 직접 물어볼 수 있다.

시장 시세로 가격을 책정할 때는 가격을 뒷받침하는 자료를 참고해 인용할 수 있다. 천성적으로 겸손한 사람이라면 그렇게 하는 게 마음이 편할 것이다. 단점은 시장의 눈치를 보지 않고 가격을 현행 가격보다 높게 올릴 수 없다는 것이다.

• 3단계. '나는 이 일을 꽤 오랫동안 해왔다'라고 생각한다.
그동안 들어 본 가격이 하늘에서 내려오거나 석판에 새겨진 가격이 아님이 분명해진다. 시장에 나와 있는 프리랜서들이 고객과 합의하는 조건에 따라 가격은 끊임없이 바뀐다.

게다가 이 정도가 되면 어느 정도 경험이 쌓였을 것이다. 아마 단골 고객들이 생기고 입소문을 듣고 찾아온 고객도 있을 것이다. 같은 길을 간다면 사업이 계속 성장할 것이다. 그 사실이 안정감과 자신감을 준다. 그래서 다른 사람들과 비교해 자신을 정의하기보다 기술과 경험에 기반해 가격을 책정할 수 있게 된다.

내성적인 사람이라면 독자적으로 가격을 정하는 것이 두렵게 느껴질 수도 있다. 그렇다면 시세보다 25%를 높이거나 그 비슷한 가격을 시도해 보라. 이는 시장의 영향을 받으며 시장 가격의 꼭대기를 향해 조금씩 다가가고 있는 것이다.

여기까지 오는 동안 많은 시련이 있었지만, 아직 잘 버티고 있다. 고객들이 생겼고, 그중 일부는 지키고 일부는 잃었다. 놓친 일들도 있고, 망친 일들도 있다. 그러나 무엇보다도 중요한 것은 많은 일을 높은 품질로 충실하게 해냈고 그것이 고객에게 진정한 가치를 주었다는 점이다.

- 4단계. '이 일이 정말로 얼마의 가치가 있을까?'를 묻는다.

이 단계에 있는 디자이너를 예로 들어 설명하면, 새로운 로고 디자인 제작 의뢰를 받았을 때 다른 사람들은 얼마를 청구하는지, 그 일을 하는 데 얼마나 걸리는지, 심지어 자신이 과거에 얼마를 청구했는지 스스로에게 묻지 않는다.

그 대신 그 결과물이 고객에게 가져다 줄 가치에 대해 생각한다. 그 로고가 향후 10년 동안 생산하는 모든 제품에 사용된다면 가격에 그 가치를 반영해야 한다.

- 5단계. '저와 일하고 싶다면 이 정도 비용은 주셔야 합니다'라고 말한다.

현재 업무량과 그 일이 진행되는 방식에 상관없이 그 일을 하는 것이 100% 행복하다고 느끼는 가격으로 견적을 낸다. 추측이나 자기 파괴는 없다. 일을 하게 될지 아닐지 많이 생각하지도 않는다. 동시에 터무니없이 높거나 완전히 시장에서 동떨어진 가격을 제시하는 것도 아니다.

아마 여기까지 오기 위해 여러 해 동안 힘들게 일했을 것이다. 5단계는 마침내 심리적으로, 직업적으로, 재정적으로 안심하는 단계다.

당신이 세간의 이목을 끌고 명성이 자자해지면 자연스럽게 5 단계에 이르게 된다. 하지만 순전히 수요와 공급 때문에 여기로 오게 될 수도 있다. 다시 말해서 일을 거절해야 할 정도로 추천과 재구매 고객의 일로 일정표가 가득 차게 된다. 나는 보통 4단계 근처에 있다가 정말 바쁠 때 5단계에 가까워지는 것 같다.

핵심 정리하기

+ 가격 책정은 어려운 일이지만, 제대로 하는 게 중요하다.

+ 결과물이 제공하는 가치를 반영해 가격을 정하고 거래 영역의 꼭대기를 목표로 하라.

+ 자신에게 잘 맞고 앞으로 나아가는 데 도움이 되는 가격 결정 방법을 선택하라.

+ 충분히 시간을 갖고 가격을 책정하고 가격을 제대로 말하라.

+ 그 거래가 잘 맞을 때만 할인, 무료 작업, 무료 샘플을 제공하라.

+ 프리랜서의 가격 책정 5단계에서 지금 나의 위치가 어디인지 확인하고 어떻게 다음 단계로 넘어갈 수 있을지 생각하라.

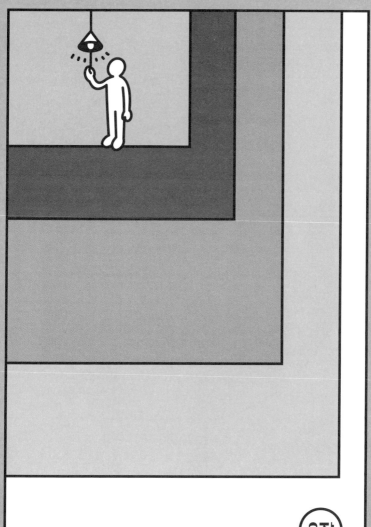

8장

자신감 키우기

내성적인 프리랜서에게 자신감을 가지기란 항상 쉬운 일은 아니지만, 자신의 기술을 시장에 내놓으려면 스스로에 대한 믿음이 있어야 한다. 이 장에서는 자신감을 키우는 방법을 살펴볼 것이다.

내 기술에 대한 자신감

프리랜서로 일한다는 것은 단순히 새로운 업무 방식이 아니라 새로운 삶의 방식이다. 당신의 일, 돈, 여가, 가정생활, 가족, 심지어 건강까지 모든 것은 연결되어 있고, 당신이 하는 모든 선택에 영향을 미친다. 당신의 일정표는 고객의 요구가 그렇듯 끊임없이 바뀐다. 한 푼이라도 더 벌기 위해 뛰어다녀야 하고 일이 깔끔하게 하루 8시간 또는 주 5일에 맞춰 진행되어야 한다는 규칙은 없다.

정규직으로 일하는 사람들은 누구도 진심으로 이해할 수 없는 현실이다. 그리고 자신감을 키우기가 어려운 환경이다.

자신감이 피상적인 것에 불과하다면 별문제가 되지 않을 것이다. 그러나 그렇지 않다. 자신감은 일의 모든 측면에 작용한다. 자신의 기술을 믿는 만큼만 기술을 사용할 수 있기 때문이다. 그리고 만약 무언가를 할 수 있다고 믿지 않으면 그것을 하려는 시도조차 하지 않게 된다. 자동차 회사 '포드'를 설립한 헨리 포드의 말처럼 "할 수 있다고 믿든 할 수 없다고 믿든 믿는 대로 될 것이다."

자신감은 겸손하고 자기 비하적 성향이 있는 내성적인 사람에게 훨씬 더 중요하다. 당신은 머릿속으로는 능력에 자신이 있더라도 그것을 세상에 드러내는 것에 대해서는 여전히 말을 아낄 수도 있다. 그리고 사람들이 하는 말을 너무 주의 깊게 들어서 비판하는 말, 또는 스스로 비판으로 받아들인 것까지 마음에 담아 두기도 한다. 당신이 들었던 수많은 좋은 말들마저 한두 개의 부정적인 피드백에 압도당할 수도 있다.

이 장에서는 자신감을 키우는 방법에 관해 이야기할 것이다. 하지만 외향적인 사람이 되라고 강요하는 것은 아니다. 사실은 자기 자신에게 어떻게 말하고, 자신의 기술과 성격에 대해 어떻게 생각하는지 등 내면생활에 관한 이야기에 가깝다.

자신감이 커지면 더 많은 선택지를 가질 수 있다. 그러나 여전히 '있는 모습 그대로', 자유롭게 선택할 수 있다.

한 단계씩 점진적으로

자신감이 능력에 영향을 미친다면 자신감을 그저 수동적으로 받아들일 것이 아니라 적극적으로 키우기 위해 노력해야 한다. 따라서 실무 기술을 발전시키듯이 그 속에서 자신감도 길러야 한다. 이런 자질이 일을 취미처럼 즐기는 정도에 그치는지, 성공적인 프리랜서 경력을 만드는지, 그 차이를 만든다.

자신감 있는 사람이 되기 위한 첫 번째 단계는 '자신감을 가지기로 결심하는 것'이다. 결심하자마자 마법처럼 자신감이 생긴다는 말이 아니다. 단지 결심할 때까지는 자신감을 갖는 것을 시작하지 않겠다는 말이다. 자신감을 갖겠다는 선택이 필수적이지만, 그것만으로 충분하지는 않다. 맨 위의 계단을 오르고 싶다면 맨 아래에 있는 계단 먼저 올라가야 한다.

정말 자신 있다고 느낄 때까지는 어쩌면 많은 계단을 올라야 할 것이다. 그러나 오르고 싶어 하지 않으면 단 한 계단도 오를 수 없다. 중국어를 '그냥' 알게 되는 일은 일어나지 않듯이 자신감이 '그냥' 생기는 일은 없다. 의지가 없으면 결코 자신감이 생기지 않을 것이다.

그렇게 하기로 선택했다면, 기회가 있을 때마다 안전지대 밖으로 조금씩 나아감으로써 자신감을 쌓을 수 있다. 가장 좋은 기회는 오랫동안 좋은 관계를 유지하고 있는 고객이 해 본 적이 없는 일을 해 달라고 요청할 때다. 이미 다른 일들에 대해 그들의 '해결사' 역할을 해냈기 때문이다. 고객은 이미 호의를 가지고 있으므로 그 일을 망칠까 봐 너무 걱정하지 않아도 된다.

안전지대를 넘어서

2013년에 런던에서 첫 번째 프로카피라이터즈 학회를 개최했다. 이 단체의 공동 설립자로서 나는 200여 명의 청중 앞에서 말을 해야 했다. 아침에는 대표자들을 맞이하고 온종일 연사들을 소개했다.

외향적인 사람은 이런 일을 대수롭지 않게 해냈을 것이다. 어쩌면 즐겼을지도 모른다. 하지만 내게는 그 일이 지독한 악몽이었다. 그날의 기억이 몇 달 동안이나 이어졌고 그해 나의 여름은 그림자가 드리워진 것처럼 내내 힘들었다.

행사를 준비하는 동안 나는 대사를 연습하고 성공을 마음속에 그려 보고 호흡을 통해 평정심을 유지하는 방법을 배웠다. 그러나 행사를 앞두고 있다는 사실이 떠오를 때마다 여전히 두려움으로 등골이 오싹해졌다. 같이 준비하는 사람들에게 긴장되는 마음을 털어놨지만 내가 진짜 어떤 마음이었는지 그들은 전혀 이해하지 못했을 것 같다.

결국에는 괜찮았다. 나는 아주 많이 긴장했지만, 무사히 내 역할을 해냈다. 발표장 분위기도 너무 좋았고, 사람들은 내가 잘 해내기를 바랐다. 설사 그렇지 않았더라도 일어날 수 있는 최악의 상황이 무엇이었을까?

하지만 잘 해냈음에도 불구하고, 나는 다시는 사람들 앞에서 발표하는 일을 맡지 않겠다고 다짐했다. 그 일을 해냈지만, 다시 돌아가고 싶지는 않았다.

나중에 우리는 행사에 대한 피드백을 요청한 설문지를 거두었다. 그 결과지는 항상 모든 사람을 기쁘게 할 수는 없다는 법칙을 생생하게 보여줬다. 전체적으로 볼 때는 긍정적인 피드백이 압도적으로 많았다. 그날 왔던 대표들의 다양한 프로필을 고려해 볼 때 분명 기대한 만큼 최고로 좋았다. 그러나 며칠 동안 내 머릿속에는 어떤 생각이 떠나지 않았을까? 그렇다. '소수의 부정적인 평'이었다.

안전지대 밖으로 나가는 것은 개인적으로든 직업적으로든 성장하는 데 도움이 된다. 우리는 이러한 매우 도전적인 경험을 거쳐야 사업에 성공할 수 있다고 배웠다.

문제는 외향적인 사람에겐 단지 불편한 정도의 경험이 내성적인 사람에겐 얻는 것보다 고통이 훨씬 크게 느껴질 정도로 완전히 무서울 수 있다. 모든 것을 고려할 때, 그런 일을 경험하는 것은 당신에게 아무 도움도 되지 않는다.

따라서 이런 종류의 기회에 대해 생각하고 있다면 이것에 대한 개인적인 비용과 편익을 분석해 봐야 한다. 안전지대 밖으로 얼마나 멀리, 그리고 어느 방향으로 모험할지 생각하라. 그 기회가 당신에게 줄 수 있는 것과 빼앗아 갈 것에 대해 정직하게 답해 보자.

자신에게 다음과 같은 질문을 해 보자.

- 왜 이 활동이나 프로젝트를 하고 싶은가?
- 나에게 어떤 도움이 되는가? 구체적인 뭔가를 얻기 위해 하는 것인가? 아니면 그저 능력의 최대치를 끌어내기 위해 하는 것인가?
- 얼마나 특별하고 도전적인가? 현실적으로 그것을 찾기가 얼마나 어려운가?
- 부정적인 피드백을 받을 가능성이 있는가? 그렇다면 그 피드백에 어떻게 대응할 것인가?
- 정기적으로 계속하고 싶은가, 그저 일회성으로 끝나는가?

알다시피 어떤 활동은 자기 자신에게 무언가를 증명하기 위해 하는 단발성 경험이고, 어떤 활동은 오랜 시간에 걸쳐 꾸준히 사용할 기술을 습득하는 것과 관련이 있다. 두 가지 활동 모두 가치가 있지만, 차이를 분명히 아는 것이 중요하다. 그래야 얼마나 많은 시간과 노력을 투입할지 결정할 수 있다.

어쩌면 당신이 안전지대 밖에서 이런 활동을 좋아하는 사람이라는 것을 알게될 수도 있다. 나는 첫 번째 책《쉽게 설명하는 카피라이팅^{Copywriting Made Simple}》을 끝냈을 때 다시는 이렇게 고된 일은 하지 않겠다고 나 자신과 약속했다. 하지만 몇 달 후 이 책을 쓰기 시작했다.

비관적 해석 vs 낙관적 해석

오전 9시부터 오후 6시까지 일하던 때를 돌이켜 보면, 한번은 상사에게 일하는 게 즐겁지 않아서 프리랜서가 되고 싶다고 말한 적이 있다. 상사는 내가 그것을 실행에 옮기면 얼마 못 가 다시 일자리를 구하기 위해 여기저기 기웃댈 것이라고 말해 내 의욕을 꺾어 버렸다.

나는 그 말이 정말 마음에 꽂혔다. 동료들은 어쨌든 내가 프리랜서 일에 적합하지 않은 사람이고, 프리랜서 생활 자체가 삶의 방식이 될 수 없다고 나를 설득했다. 나는 그 이야기를 마음에 새겼기 때문에 프리랜서로 일하는 것을 시도하기까지 수년이 걸렸다.

하지만 이 이야기를 다른 시각에서 보면, 상사는 정말 내 프리랜서 삶을 예측했던 것이 아니라 자신의 경험을 회상한 것이었다. 게다가 그에게는 분명한 의도가 있었다. 그는 자신이 직접 몇 달이나 가르친 귀중한 팀원이 문을 박차고 나가는 것을 원치 않았다. 근본적으로 그는 내가 아니라 자기 자신에 관해 이야기하고 있었다.

이런 일에 부딪히면 사람들은 다양한 방식으로 반응한다. 어떤 사람들은 사건의 원인을 내면화하고, 어떤 사람들은 그 원인이 외부에 있다고 생각한다. 그리고 그러한 차이를 만드는 것은 해석 방식이다.

비관적으로 해석하는 사람은 종종 나쁜 사건에 대해서는 자신을 탓하고 좋은 사건에 대한 모든 공은 다른 사람들에게 돌린다. 부정적인 상황이 영원할 것이고 모든 것에 영향을 미치리라 생각하곤 한다.

외향적인 사람들은 긍정적인 결과에 대해 낙관적으로 해석하고, 내성적인 사람들은 부정적인 결과에 대해 비관적으로 해석하는 경향이 있다.[12]

우리 내성적인 사람들은 종종 시선을 내부로 돌려 자신의 행동을 곱씹고 곰곰이 생각하기 때문에 일이 잘못되면 그것이 정

°

12 Cheng, H. and Furnham, A. 'Attributional Style and Personality as Predictors of Happiness and Mental Health(행복과 정신 건강의 예측 변수로서의 귀인 양식과 성격)', Journal of Happiness Studies 2, 307-327 (2001)

말 우리의 책임이 아닐 때도 자신을 탓하기 쉽다. 매우 비관적인 해석 방식은 우울증과도 관련이 있다.[13]

일단 자신의 해석 방식을 알면, 의식적으로 그것을 바꾸는 것을 목표로 삼을 수 있다. 자신에게 일어나는 일은 통제할 수 없지만, 그 일을 어떻게 생각할지는 통제할 수 있다. 그리고 이런 행동은 결국 그 일에 어떻게 반응하는지에 영향을 미친다. 어떤 반응은 당신의 선택권을 없애고 통제력을 축소하는 반면, 어떤 반응은 당신에게 힘과 균형감, 선택권을 부여한다.

그 당시 상사가 실제로 했던 말은 "프리랜서가 되면 일거리를 얻기 위해 몸부림쳐야 할 거야"였다. 그 말에 대한 나의 비관적인 해석은 '내 얘기네. 나는 절대 프리랜서가 될 수 없을 거야'였다.

하지만 그 일이 있은 지 한참 후, 나는 다음과 같이 낙관적인 해석을 택했다. '내 얘기가 아니라 자기 삶에 관해 이야기하는 거네. 그렇다면 내 미래는 그가 말한 것과 다를 거야.'

다음은 당신이 고객에게 들을 수 있는 몇 가지 말을 예로 든

°

13 Sanjuán, P. and Magallares, A., 'A longitudinal study of the negative explanatory style and attributions of uncontrollability as predictors of depressive symptoms(우울 증상의 예측 변수로서의 부정적인 해석 방식과 통제 불능 귀인에 관한 종적 연구),' Personality and Individual Differences, 46 (2009), 714-718

것이다. 바라보는 관점에 따라 같은 말을 얼마나 다르게 해석할 수 있는지를 보여준다.

고객의 말	비관적인 해석	낙관적인 해석
더 저렴한 가격으로 안 될까요?	가격이 더 낮아져야 나와 일하겠구나.	나와 일하고 싶은 게 분명하니 가격을 낮출 필요는 없겠다.
당신이 가고 있는 방향에 대해 우리는 확신이 없어요.	내가 무능력하구나. 난 이 일을 결코 제대로 해낼 수 없을 거야.	업무 의뢰서가 분명하고 자세하지 않았어. 내게 정보가 더 필요한 것뿐이야.
몇 가지 수정해 주시면 좋겠습니다.	내가 한 일이 마음에 들지 않나 보다.	몇 가지만 빼고 다 마음에 드나 보다. 내 실력이 많이 좋아졌구나.
정말 마음에 듭니다.	그냥 별생각 없이 저런 말을 하는구나.	내가 재능 있고 전문성이 있어서 저렇게 말하는구나.

당신이 프리랜서로서 맞닥뜨릴 수 있는 상황들에도 위 내용이 똑같이 적용된다. 예를 들면, 당신과 같은 지역에서 일하는 프리랜서가 많다는 사실을 발견했다고 가정해 보자. 비관적으로 해석하면 '프리랜서가 너무 많아. 일거리가 충분하지 않겠다'라고 생각할 것이다. 하지만 마음 편하게 이렇게 생각할 수도 있다.

'이 모든 프리랜서가 먹고살 수 있을 만큼 이 지역에 일이 많은 가 보다.'

또는 자리를 확실히 잡은 또 다른 프리랜서의 웹사이트를 보고 그들의 경험이나 추천글, 고객에 대해 경외심을 느낄 수도 있다. 비관적인 관점은 '정말 암울하네. 난 절대 이렇게 될 수 없을 거야'일 것이다. 그러나 '와, 진짜 놀랍다! 나도 계속 노력하면 언젠가 이렇게 되겠지'라고 낙관적으로 생각할 수 있다.

기억하라. 이것은 실제로 일어나는 일을 해결하는 것과는 관련이 없다. 현실의 일들을 어떻게 해석하는지에 관한 이야기다.

가면 증후군을 다루는 방법

가면 증후군은 요청받은 일을 실제로 할 수 있는 능력이 자신에게 없고, 이것이 어떻게든 '들통나고' 말 것이라고 불안해하는 심리다. 가면 증후군은 실제 능력과는 아무 상관이 없다. 대단히 인상적인 업적을 남긴, 경험이 매우 풍부한 전문가들조차 그런 증상을 겪기도 한다.

나도 그럴 때가 있다. 프리랜서 작가로 일한 지 십 년도 더 지났지만 어떤 일을 시작하기 전엔 여전히 의심하며 괴로워한다.

'나는 그 주제를 이해하지 못할 거야. 업무 지침을 충족할 수 없을 거야. 좋은 생각이 안 날 거야.'

그런 느낌을 극복하는 한 가지 방법은 곧바로 하게 될 실무적인 작업을 상상하는 것이다. 원자료를 통독하기, 문서 생성하기, 제목 설정하기. 이렇게 하면 머릿속에서 그 일을 안전하고, 예측 가능한 과정으로 바꿀 수 있다. 미지의 세계로 항해를 떠나는 것이 아니라, 한 단계 한 단계 거쳐 나가야 하는 과정이 된다. 그리고 이것을 전에 해본 적이 있으니 다시 할 수 있다고 생각하는 것이다.

그리고 나서 일단 실무 단계에 접어들면, 그냥 시작하는 것이 정말 도움이 된다. 무엇을 하든 상관없다. 무언가를 하기만 하면 된다.

나는 처음에 결말을 쓴다. 약한 제목을 쓰고, 한심한 농담, 장황한 설명을 쓴다. 프로젝트 자체에 대한 생각, 내가 할 수 없다고 생각하는 일에 관해 쓴다. 이 중 어느 것도 실제로 사용될 수 없다는 것을 알지만, 처음부터 창조하는 대신 일단 쓴 것을 보완하는 일부터 시작하면 모든 것이 더 쉬워 보인다.

가면 증후군을 다루는 또 다른 방법은 일할 때의 자신을 지켜보는 것이다. 즐기는 프로젝트를 추진하고 있을 때 자기 생각이 어떻게 전개되는지 관찰하는 데 집중해 보라. 무의식적인 과정을 관찰해 의식적으로 인식하게 하는 일종의 '내면 바라보기'는 내성적인 사람들에겐 그리 어렵지 않은 일이다.

예를 들어, 당신은 이런 것들을 알아차릴 수 있다.

- 그것이 무엇이든 일의 요소들(글자 색 및 글꼴, 단어와 형식, 자료와 과정, 탬플릿과 플러그인, 재료와 조리법, 식물과 디자인 등)에 대해 어떻게 올바른 선택을 하는지
- 어떻게 나의 생각을 표현하는지, 또는 다른 사람들이 생각을 표현하도록 어떻게 격려하는지
- 무엇이 잘 작동하고, 무엇을 바꿔야 하는지 어떻게 바로 아는지
- 어떻게 단어를 고르고 올바른 순서로 배열하는지
- 어떻게 업무 지침에 이의를 제기하거나 더 나은 방법을 제안하는지
- 의사 결정의 효과를 예측하고, 다른 사람들의 반응을 어떻게 앞서서 생각하는지
- 어떻게 생각이 프로젝트를 통해 진전되는지, 그리고 어떻게 이 새로운 통찰력을 일에 반영하는지
- 막다른 골목이거나 잘못된 목적지로 이어지는 길이 있다는 것을 경험했기에, 어떻게 가지 말아야 할 길을 아는지

터닝포인트마다 무엇을 할지 알면 프로젝트를 진전시키고 고객을 위해 더 큰 가치를 만들어낼 수 있다. 이 무수한 작은 결정들이 능력의 토대가 된다. 동시에 이러한 세부 사항들이 전문적이고 재능 있는 누군가가 그리는 큰 그림의 밑바탕이 된다. 비록 당신이 항상 그 그림을 직접 볼 수는 없지만.

가면 증후군을 벗어나기 위해 자신에 대한 추천글(6장 참조)을 참고할 수도 있다. 잠재 고객을 설득하기 위해 받은 추천글이지만 자기 자신을 설득하는 데도 이용할 수 있다. 당신이 고객을 위해 무엇을 했는지 기억하고 그들의 긍정적인 평가를 읽고 그들의 말을 믿어라. 그것은 사실이다.

소셜 미디어에 대한 한마디

지금까지 봤듯이 혼자 일할 때는 소셜 미디어가 자신을 지지해주는 중요한 수단이 된다. 자신감에 큰 영향을 줄 수도 있다. 하지만 항상 좋은 쪽으로 영향을 주는 것은 아니다.

개인적으로 나는 소셜 미디어가 좋은 기분을 더 좋게 하지만, 나쁜 기분은 더 나빠지게 한다는 것을 깨달았다. 당신이 즐거움을 느끼고 있고 그걸 세상에 내놓는다면 그 답례로 긍정적인 기운을 더 많이 얻을 수 있다. 그러나 슬픔이나 걱정, 불안을 느끼고 있을 때 기분 전환을 바라고 온라인으로 간다면 실망할지 모른다.

문제는 우울한 기분으로 다른 사람들의 콘텐츠를 보면 '비교하고 절망'하기 쉽다는 것이다. 남들에게 영감을 가져다주는 감상은 나에게 절망만 가져올 뿐이다. 남들이 진취적이면 나는 게으르게 느껴진다. 남들이 멋지고 창조적인 작품을 공유하면 나는 따분하고 재미없게 느껴진다. 남들이 즐겁고 바쁘면 나는 소외감을 느낀다.

여기서 얻을 수 있는 교훈은 나의 힘든 순간을 다른 사람들의 행복한 순간과 비교하지 말라는 것이다. 사람들이 온라인상에 올려놓은 버전은 편집된 극히 일부의 모습이다. 어쩌면 철저한 환상임을 기억하라. 진짜 삶은 그들이 화면에서 멀어질 때 나타난다. 그리고 아마 우리의 모습과 크게 다르지 않을 것이다.

때때로 우리는 소셜 미디어를 큰 성공을 바라는 복권이나 도박, 또는 관심을 끌기 위한 도구처럼 여긴다. 그러나 그 낭비된 시간에 보답할 잭폿은 없다. 거기에서 얻을 수 있는 가장 좋은 것은 몇 개의 '좋아요'나 웃긴 농담, 친절한 대답에서 느끼는 잠깐의 만족이다. 따라서 끝도 없이 스크롤을 하는 대신 로그아웃하고 뭔가 더 건설적일 일을 하라. 자신감을 키울 수 있는, 아니 적어도 자신감을 떨어뜨리지 않을 일을 하자.

스위치를 끄기가 어렵다면 더 내성적인 사람이 돼라! 소셜 미디어를 혼자서 즐기는 취미나 필요한 노동 활동으로 생각하지 말라. 그 대신, 정말 가고 싶지 않은 파티나 참석하지 않는 게 나을 회의로 생각해라.

소셜 미디어에서 자신의 피드를 볼 때 "지금 당장 뭐라고 말을 하는지 다 듣고 싶어?"라고 묻는다면, 당신의 솔직한 답변은 "아니!"일 것이다.

핵심 정리하기

+ 자신감이 중요한 이유는 자신의 능력을 믿고 세상에 투영할 수 있을 때만 능력이 발휘되기 때문이다.

+ 단계적으로 자신감을 키우기 위해 나를 신뢰하는 고객들의 지지를 받으며 서서히 안전지대 밖으로 나와라.

+ 현실의 일에 대해 낙관적인 해석을 더 많이 할 수 있도록 자신의 해석 방식을 이해하라.

+ 자신의 능력을 일에 연결함으로써 가면 증후군을 극복하라.

+ 소셜 미디어가 자신감을 떨어뜨린다면 로그아웃하고 그 대신에 자신감을 높일 무언가를 하라.

9장

긍정적인 신념 선택하기

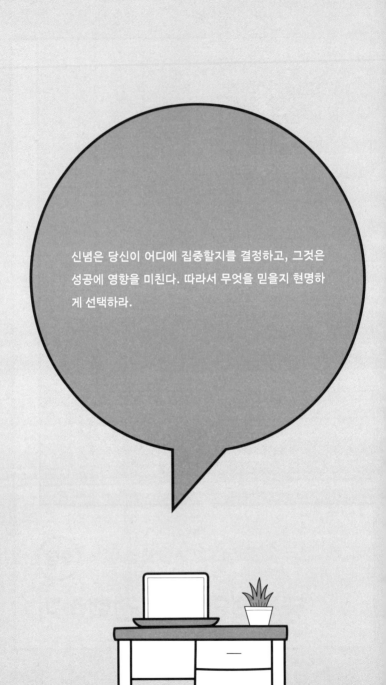

신념은 당신이 어디에 집중할지를 결정하고, 그것은 성공에 영향을 미친다. 따라서 무엇을 믿을지 현명하게 선택하라.

왜 신념이 중요한가?

신념은 세상을 보는 창이다. 어디에 집중할지, 무엇을 생각하고, 무엇을 느낄지 결정한다. 그래서 결과적으로 목표, 결정, 행동에 영향을 미친다. 다시 말해 신념은 프리랜서로서의 성쇠를 포함해 현실을 만든다.

신념이 항상 세상에 대한 객관적인 사실을 반영하는 것은 아니다. 예를 들어, 사람들은 저마다 정치와 종교에 대해 매우 다른 개인적 신념을 가진다. 미국의 작가 아나이스 닌이 "우리는 세상을 있는 그대로 보지 않고 각자의 눈으로 본다"라고 말한 것과 같다.

우리는 모두 인생에 부침이 있음을 안다. 그것은 객관적인 사실이다. 어떤 사람은 그 현실을 경험한 뒤 '삶은 투쟁이다'라고 결론 내릴 수 있지만, 또 다른 사람은 '삶은 게임이다'라고 생각할 수도 있다. 그리고 자신들이 믿는 것의 결과에 따라 기대하는 바도 달라질 것이다.

내성적인 성격처럼 신념을 인격의 고정된 측면으로 생각하기 쉽다. 사실 신념은 우연한 사건에 의해 형성되고, 항상 변화하고 발전한다. 분명 당신은 새로운 무언가를 경험하고 그 결과로 신념이 바뀌었던 때를 기억할 것이다.

따라서 자신이 갖고자 하는 신념을 적극적으로 선택할 수 있다. 신념을 세상을 다른 방식으로 봐야 할 때 쓰는, 서로 다른 안경처럼 생각할 수 있다. 목표를 이루도록 지지하고 돕는 신념을 선택하고, 방해되는 신념은 버릴 수 있다.

기억하자. 이것은 현실을 부정하거나 공상으로 도피하는 것이 아니다. 공상의 세계에 살지 않아도 하나의 해석을 선택할 수 있다. 신념은 '그저 일을 끝까지 해내기 위해 선택하는 도구'이다.

자기 제한적 신념 극복하기

이 장에서는 주로 당신이 앞으로 나아가도록 도울 '긍정적인 신념'에 대해 이야기할 것이다. 이보다 먼저 당신을 방해할 수 있는 부정적인 신념에 대해 생각해 보자.

'자기 제한적 신념'은 자기 자신이나 세상에 대해 말하고, 사실로 받아들이는 것을 말한다. 보통은 바꿀 수 없는 상황이나 개인적 특성의 형태를 띠며 이로 인해 무언가를 하는 것을 가로막는다.

- 나는 제대로 된 경험이 없어서 / 너무 늙어서 / 너무 어려서 / 너무 내성적이라서 ○○○을 못해.
- 나는 절대 ○○○을 못 해. 난 그런 사람이 아니야.
- 난 항상 ○○○ 같은 것을 할 때 실수를 해.

이런 것이 자기 제한적 신념이다. 외부의 제약이 아니라 스스로에게 가하는 제한이다. 따라서 당신은 이런 부정적인 신념을 버리고 이것을 대신하는 새로운 신념을 선택할 수 있다.

당신은 단지 사회가 그렇다는 이유로, 자신의 내향성에 대한 자기 제한적 신념을 가지고 있을지 모른다. 외향적인 사람이 성공하는 경우를 너무 많이 봐서 그것이 성공하는 유일한 방법이라고 믿는 것이다.

자기 제한적 신념을 알아차리려면 자신의 말에 귀를 기울여야 한다. 여기에는 다른 사람들에게 하는 말, 그리고 머릿속에서(혹은, 어쩌면 소리를 내어) 자신에게 하는 말도 포함된다. '내면의 비판자'의 목소리, 그리고 그 말을 주의 깊게 들어라. 스스로를 제한하는 신념을 알아차리면 이렇게 물어라.

- 이게 정말 사실일까?
- 이게 사실인지 어떻게 알지?

• 사실이 아닌 적은 없었어?

이 질문들은 스스로를 제한하는 신념이 옳은지 그른지에 대한 증거를 찾도록 요구할 것이다. 당신은 일반적으로 그 신념을 뒷받침하는 몇 개의 사건들, 그리고 그 신념이 틀렸음을 뒷받침하는 더 많은 사건이 있었다는 사실을 찾을 것이다. 그리고는 스스로를 자유롭게 하는 '새로운 신념'을 불러일으키는 데 그 지식을 이용할 수 있다. 다음은 그 세 가지 방법이다.

첫째, '존재'와 '보유'보다 '행동'에 무게를 두는 쪽으로 바꾼다. 예를 들어, 당신이 '나는 뛰어난 연설가가 아니야'라고 생각한다면 그것은 특정 방식으로 '존재'하는 것에 관한 생각이다. '나는 연설 능력이 부족해'라고 생각한다면 그것은 특정한 뭔가를 '보유'하는(그것이 없다) 것에 관한 생각이다. 따라서 이런 표현은 당신의 존재 방식을 바꾸거나 이 뛰어난 자질을 습득하기는 어렵다는 결론에 이르게 된다.

하지만 "나는 연설을 한 번도 해 본 적이 없어"라고 말한다면 상황이 다르게 보인다. 이 말은 단순히 현실을 묘사한다. 당신은 이전에 연설해 본 적이 없다. 그러나 그것이 지금 또는 앞으로 연설을 할 수 없다는 의미는 아니다.

둘째, '할 수 없다'는 말을 '할 수 있다'로 바꾼다. 예를 들어, "나는 너무 긴장해서 연설할 수 없어. 왜냐면…"이라고 말하는 대신 "나는 연설할 수 있어. 왜냐면…"이라고 말하고 문장의 새로운 결말을 찾아라. 이 방법으로 스스로를 제한하는 신념을 간단하게 능력을 부여하는 신념으로 바꿀 수 있다.

혹은 제한에 정면으로 부딪치는 대신 우회하는 방법도 있다. 예를 들어, "나는 연설할 수 없어"라고 말하는 대신 "나는 아직 연설해 본 적이 없어. 하지만 내가 한 일을 고객에게 발표해 본 적은 있어. 비슷한데 단지 좀 더 작은 규모였지"라고 말하는 것이다.

할 수 없는 것에 초점을 맞추면 자신의 한계를 강조하게 된다. 즉 현재 상황을 그대로 유지하기 위한 주장을 하는 것이다. 그러나 '할 수 있는 것'에 초점을 맞추면 상황을 바꾸기 위해 당신이 가진 능력을 이용할 수 있다.

단순히 온라인에 접속해 뭘 할 수 있는지 조사할 때라도 언제나 할 수 있는 무언가가 있다. 앞으로 한 걸음을 내디뎠을 때 다음 걸음이 보일 것이다.

셋째, 고정된 상황을 나아가는 과정으로 바꾼다. 이는 변화 가능성을 배제하는 '항상'과 '절대' 같은 확고한 의미를 가진 단어들을 빼는 것이다. 그 대신 변화를 위해 당신이 하고 있거나 할 수 있는 것으로 다시 초점을 맞춘다.

따라서 "나는 절대 연설할 수 없어"라고 말하는 대신 "나는 아직 연설해 본 적이 없어"라고 말한다. 다시 말하지만, 이 말은 미래에 관한 판단이 배제된 중립적인 서술이다. 아마 지금 당장은 연설을 하는 일이 많지는 않을 것이다. 하지만 할 수 있을 것이다.

같은 방법으로 "나는 연설할 때 항상 실수해"라고 말하는 대신 "나는 아직 연설을 배우고 있어"와 같이 말하라. 이렇게 표현하면 변화할 힘이 없는 고정된 상황이 아니라 어떻게 앞으로 나아갈지에 집중하게 된다.

이 장의 뒷부분에서는 특히 내성적인 프리랜서의 삶에 도움이 될 수 있는 몇 가지 '긍정적인 신념'에 관해 이야기하려 한다. 그것이 반드시 맞는 것은 아니다. 단지 잠재적으로 도움이 될 수도 있다는 것만 기억하라. 그러니 도움이 될 때는 활용하고 도움이 안 될 때는 내려놓아라.

내가 선택할 수 있다

이 단순한 신념은 매 순간 당신에게 다른 일을 할 수 있는 선택권이 있음을 강조한다. 지금까지 무슨 일이 있었든 미래가 과거와 같아야 하는 것은 아니다. 그리고 원하는 결과를 얻지 못하더라도 새로운 무언가를 시도해야 한다.

나에게는 이미 필요한 모든 자원이 있다

신경 언어 프로그래밍(NLP)의 기본 원리인 이 신념은 당신을 힘 있는 위치에 서게 한다. 이것에 따르면, 당신은 이미 상황을 바꿀 수 있는 역량을 갖고 있다.

아직 당신은 상상할 수 있는 모든 유형의 프로젝트에 착수한다거나 어떤 상황이 발생해도 대처하기에는 미흡할 수 있다. 그러나 배우고 기술을 습득하고 준비할 능력이 있다.

중국 여행을 계획하고 있다면, 중국어를 좀 할 줄 알면 확실히 도움이 될 것이다. 지금 당장은 중국어를 못하지만 수업과 선생님을 찾는 방법은 알고 있다. 책을 구할 수 있는 장소와 도움이 되는 앱을 알고 있다. 주중에 연습할 수 있는 시간이 언제인지 생각할 수 있다. 그리고 과거의 경험을 통해 이 길들을 따라 나아갈 수록 점점 더 많은 길이 보일 것임을 알고 있다.

다르게 말하면 현재 있는 곳에서 원하는 곳으로 가는 디딤돌을 찾을 수 있다. 이것은 새로운 자원을 얻기 위해 이미 가지고 있는 자원을 이용하면 되는 문제다. 이것을 더 작은 단계들로 나누고 시작하기만 하면 어떠한 과업이든 완수할 수 있다.

내가 제공하는 가치는 유일무이하다

프리랜서 경력의 초기에는 때때로 일을 잘 해내고 있다고 느낄 수 있다. 그러나 진짜 그들에게 그렇게 많은 도움을 주었는가? 다른 누군가가 훨씬 더 잘 할 수 있지는 않았을까? 심지어 수년간 프리랜서로 일하고 있음에도 당신은 여전히 다른 프리랜서가 이 일을 어쩌면 더 잘할 수 있다고(그것도 더 싸게) 느낄지 모른다.

이 경우 8장에서 봤던 가면 증후군에 빠지기 쉽다. 또는 순전히 운이 좋아서 성공했다거나 운은 언제든 쉽게 바닥을 드러낼 수 있다고 생각할 수도 있다.

'내가 제공하는 가치는 유일무이하다'라는 신념은 고객이 원해서 당신과 일한다는 사실을 상기시켜 준다. 그들은 오직 당신이 제공할 수 있는 서비스를 원한다. 고객에게 선택권이 있고 고객이 당신을 선택했다.

고객이 선택할 수 있었던 다른 선택지는 중요하지 않다. 이것은 메뉴판에 있는 선택받지 못한 요리들과 같다. 아무리 맛있을 것 같아도 결국 고객은 그것을 원하지 않았다.

순수하게 기술적인 차원에서 보면 당신의 서비스는 아마 유일무이하지 않을 것이다. 그러나 고객과의 관계, 성격, 접근법, 제공하는 가치는 거래의 중요한 부분이다. 이것들이 '유일무이'하다. 일단 고객이 당신을 신뢰하고 그 관계를 소중하게 생각하면, 그들은 의리를 지키고 싶어 할 것이다. 그것은 운과는 아무 상관이 없다. 모든 것이 '당신이 제공하는 가치'와 관련이 있다.

성공은 실패 너머에 있다

"나는 실패하지 않았다. 효과가 없는 10,000가지 방법을 발견했을 뿐이다."

토머스 에디슨이 언급한 이 신념은 답을 바로 발견하지 못했을 때 계속 나아가도록 도울 것이다.

때로는 좋은 아이디어에 도달할 때까지 수많은 나쁜 아이디어를 거쳐야 한다. 이런 과정은 실수하고 그것을 통해 배우는 데 익숙해지는 것을 의미한다. 실제로는 실험할 기회를 적극적으로 찾아내는 것이고, 그 기회가 실패를 수반하더라도 그것이 결국 성공으로 가는 길임을 알기 때문에 그렇게 하는 것이다.

어쩌면 당신은 나처럼 '해결사' 또는 '완결자(일을 가능한 한 빨리 해치우고 먼지를 털어 내는 것을 좋아하는 사람)'일지 모른다. 그것은 고객의 프로젝트를 성실하게 완수하는 것을 의미하므로 프리랜서에게 긍정적인 자질일 수 있다. 하지만 정답이 나오는 데 시간이 걸리면 불안감을 느낄 수 있다.

이 신념은 상황이 잘 풀리지 않을 때 쉽게 포기하지 않도록 돕는다. 당신은 출발선에서 헤매고 있는 게 아니라, 사실은 과정을 거치고 있다. 이 문제에 시간을 충분히 쏟으면 반드시 답을 찾을 것이다.

모든 일이 일어나는 데는 이유가 있다

이 신념은 양날의 검이다. 긍정적인 측면은 모든 상황에 대해 긍정적인 시각을 찾는 데 도움이 된다. 뭔가가 잘못되면 그냥 포기해버리는 대신, 자리에 앉아 뭘 배워야 하는지 또는 뭘 바꿔야 하는지 생각할 수 있다. 그것은 당신이 자기 연민에서 벗어나 다시 길로 돌아오는 데 도움이 된다.

하지만 이 신념을 너무 깊이 받아들이게 되면 심리에 부정적인 영향을 미친다. 모든 일에 대해 이면의 이유를 찾는데 너무 몰두하면 다른 사람들이 잘못했거나 상처를 줬던 객관적인 사실마저 자기 탓으로 돌릴 수 있다. 따라서 그냥 잊어버리는 게 낫다면, 괴로운 어떤 일에서 의미를 찾지 말라(이것은 8장에서 살펴본 해석 방식과 관련이 있다).

모든 노력에는 보상이 따른다

이것은 앞에서 이야기한 신념의 실용적인 버전이다. 이것은 프리랜서 삶을 개선하기 위해 하는 모든 노력으로부터 '항상 귀중한 무언가를 얻을 것'이라는 믿음이다.

이 신념은 실패나 헛수고, 시간 낭비를 했다고 느끼지 않도록 당신을 보호한다. 아직 모든 답을 알아내지 못했더라도 무언가를 그저 시작하는 것에 큰 힘이 있음을 상기시킨다. 그리고 당신은 그것을 끝내지 못하더라도 여전히 그 경험에서 무언가를 배우거나 다른 곳에 활용할 수 있는 무언가를 얻을 것이다. 실패는 없다. 피드백이 있을 뿐이다.

상황은 점점 더 좋아질 것이다

이 신념은 긍정적인 추세가 갑자기 뒤바뀌지 않고 지금까지 그랬던 것처럼 지속될 것이라고 믿는 것이다. 이것은 모든 게 잘못될 거라는, 또는 갑자기 모든 것을 잃게 될 거라는 비이성적인 두려움과 싸우는 데 도움이 된다.

예를 들어, 프리랜서로 일을 시작한 이래 한 달에 한두 명씩 고객이 꾸준히 늘었다면 앞으로도 계속 그럴 가능성이 클 것이다. 소득이 꾸준히 증가했다면 앞으로도 계속 증가할 것이다. 기본적으로 지금까지 하던 일을 계속해서 한다면 지금까지 얻은 것을 계속 얻을 확률이 높다.

분명히, 재난은 발생할 수 있다. 지금 나는 받은편지함이 거의 텅 비어 있는 코로나 위기 때 이 책을 쓰고 있다. 그러나 이것은 내가 어쩔 수 없는 외부의 힘이다. 이것이 지금까지 내가 성공할 수 있게 해 준 모든 것을 무효화하지는 않는다. 그래서 나는 이 시간을 이용해 책을 쓰면서 다시 일거리가 생기기를 기다리고 있다. 그리고 만약 그게 안 된다면, 나는 또 다른 무언가를 할 것이다.

나의 위치는 안전하다

프리랜서 일은 근본적으로 불안정하다는 진부하고 맘에 안 드는 견해가 있다. 사람들은 때때로 모든 프리랜서가 끊임없는 생계의 위협 속에 살고 있다는 듯이 '하루 벌어 하루 먹고 산다'고 말한다. 이것을 마음에 새기면 자신의 커리어가 모래 위에 쌓은 성처럼 언제든 무너질 수 있다는 두려움에서 벗어날 수 없을 것이다.

일관성과 안정성에는 중요한 차이가 있다. 봉급을 받고 일하는 사람에겐 일관되고 정기적인 수입이 있지만, 그것이 반드시 안정적이라는 의미는 아니다. 예를 들어, 언제라도 등을 돌릴 수 있는 상사에 의해 앞날이 좌우될 수 있다. 또는 회사 사정이 힘들어져서 다음에 누구를 해고할지 비밀리에 논의되고 있을 수도 있다.

반면에 프리랜서의 수입은 매달 금액으로는 변동이 크지만 한 걸음 물러서서 보면 수년간 굳건한 연간소득을 기록하며 안정적일 수 있다. 당신에게는 한 명의 상사, 또는 한 명의 고용주 대신 열 명, 스무 명, 또는 그보다 훨씬 많은 고객이 있고 그들이 모두 일거리를 줄 수 있다. 시장에서 그 가치가 입증되고 고객이 인정한 기술이 있다. 그리고 상황의 요구에 따라 새로운 고객이나 기술을 확보할 능력이 있다.

당신이 정체기를 겪고 있다면 '나의 위치는 안전하다'라는 이 신념이 도움이 될 것이다. 수년을 성공적으로 보냈더라도 일이 없을 때는 매우 불안할 수 있다. 내 조언은 이 시간을 미뤄 뒀던 창의적인 프로젝트나 일을 하면서 보내라는 것이다. 바쁜 일과로 어느새 돌아올 것이기 때문이다.

모든 것이 제자리에 있다

이것은 할 일이 너무 많거나 갈 길이 너무 멀어서, 또는 일이 잘 안 풀려서 걱정하고 있을 때 도움이 될 수 있는 선종^{Zen}의 신념이다. 프리랜서를 하다 보면, 일이 '흩어져 있다'는 느낌을 가질 수 있다. 아무것도 제대로 끝나거나 마무리되지 않는 것 같고 프리랜서 경력이 원하는 대로 쌓이지 않는다는 생각이 들 때도 있다.

당신이 프리랜서로서 '성공한' 것처럼 느끼기를 바란다면 생각보다 오래 기다려야 할 수도 있다. 월급을 받는 일자리가 직책, 책임, 보상 패키지로 깔끔하게 마무리되는 것과는 달리, 프리랜서의 삶은 사실 '일을 완전히 끝냈다'라는 느낌을 가질 수 없다. 당신은 고객을 얻거나 잃고 있다. 서비스를 개발하고 새로운 것을 배우고 신념을 발전시키고 있다. 당신의 사업도, 그것을 보여주는 방식도 절대 멈춰 있지 않다.

사실 이것은 장점이다. 하지만 부정적으로 보기 시작하면 만족스럽지 못하고 불완전하다는 느낌에 계속해서 불길한 생각이 들 수 있다. 따라서 이번 달에 고객이 만족했고 돈도 받았다면 자신을 위해 휴식하는 시간을 갖자. 그리고 그것을 성공이라고 불러라.

꽉 잡고 가볍게 놓아라

이것은 어쩌면 신념보다는 좌우명에 가까울지 모르지만 그래도 매우 가치 있는 말이라고 생각한다.

이 말은 프리랜서로 일하면서 가장 중요한 것이 '균형'임을 나타낸다. 우리에게는 전력을 다해야 할 때가 있고 떠나야 할 때가 있다.

- 강력한 제안과 좋은 가격을 제시했는데도 프로젝트를 맡지 못했다면 잊어라.
- 프로젝트를 맡아 최선을 다했다면, 완료한 후엔 다음 프로젝트로 넘어가라.

- 최선을 다해 서비스를 제공했지만 고객이 떠난다면 기꺼이 받아들여라.
- 도움이 되는 신념은 붙잡고 있되, 도움이 안 되는 신념은 놓아라.

고대 그리스의 철학자, 헤라클레이토스의 말처럼 "누구도 같은 강물에 두 번 발을 담글 수는 없다. 강물도 사람도 전과 같지 않기 때문이다."

프리랜서로 일하는 것도 마찬가지다. 모든 것은 항상 흐르고 있고 그대로 유지되는 것은 없다. 성공적으로 수행한다는 것은 언제 넘어가야 하는지를 알고, 아무리 좋은 일이라도 반드시 끝이 난다는 사실을 받아들이는 것이다.

끔찍이 사랑하는 것을 계속 붙잡고 있기를 좋아하는 내성적인 사람들에게 놓는 것이 언제나 쉬운 일은 아니다. 그러나 이것은 프리랜서 일에 관해 배워야 할 중요한 교훈이다. 남은 인생을 꼭 프리랜서로 살지 않는다고 해도 기억하자.

이 또한 지나가리라

이것은 일이 잘 안 풀릴 때를 위한 신념이다.

지나치게 긍정적인 것이 도움이 되기보다 오히려 방해가 될 때가 있다. 그것을 '해로운 긍정성Toxic Positivity'이라고도 부른다. 긍정적으로 살기 위해 너무 애를 쓰느라 똑같이 중요한 다른 감정들을 억누르는 것이다.

프리랜서로서 활동하기 위해서는 어느 정도의 낙관주의가 필요한 것은 사실이다. 그러나 일이 잘 풀리지 않을 때 기분이 안 좋아지는 것도 받아들여야 한다. 귀중한 고객을 잃거나 정말 원했던 프로젝트에서 실수하는 것과 같은 경험은 그냥 나쁜 경험이다. 그것을 보기 좋게 꾸며 봤자 별 의미가 없다.

때로는 안 좋은 느낌이 무언가 변화가 필요하다는 신호일 수 있다. 육체적 고통이 몸에 문제가 생겼다는 신호인 것처럼 말이다. 예를 들어, 이것은 경계 설정(3장)이나 불량 고객(5장)과 관련된 문제를 알려주는 경고음일 수 있다.

또 부정적인 감정이 거쳐 지나가야만 하는 단계일 때도 있다. 그럴 때는 그냥 자연스럽게 사라질 때까지 참아야 한다.

스스로 이렇게 느끼면 안 된다고 억압하거나, 내가 그런 사람이어서 내 잘못이라고 말하지 말라. 그렇지 않다. 프리랜서 일은 그것만의 날씨가 있고 단지 지금 비가 오는 것뿐이다.

오늘은 상황이 아무리 안 좋아 보여도 내일은 다르게 보일 것이다. 새로운 것을 찾아내고, 새로운 사람들을 만나고, 새로운 생각을 할 것이다. 진전하기 위해 정말 근본적으로 변화해야 한다고 해도 당신은 잘 헤쳐나갈 수 있을 것이다. 이 또한 지나가리라.

핵심 정리하기

+ 신념은 세상을 보는 창이다. 당신은 도움이 되는 신념을 선택할 수 있다.

여기까지 읽어 주셔서 감사합니다. 우리는 프리랜서 직업을 계획하고 사업을 시작하고 목표를 정하는 방법에 대해 알아봤습니다. 시간을 관리하고 가격을 책정하고 고객과 협력하는 방법을 살펴봤습니다. 또 자신감을 키우고 도움이 되는 신념을 선택하는 방법을 탐구했습니다.

이 모든 과정에 제가 프리랜서 삶을 통해 얻은 교훈을 공유하는 것을 목표로 했습니다. 당신에게도 도움이 되기를 바랍니다.

제 조언 중 어떤 것은 도움이 안 될 수도 있습니다. 또는 제가 책에 다루지 않은 다른 상황에서도 당신은 무언가를 분명 배울 수 있을 것입니다. 어떤 일이 있더라도 한 가지만은 기억하기 바랍니다.

"성격을 바꾸지 않고도 내성적인 사람으로서 행복하게, 성공하는 프리랜서가 될 수 있습니다."

책을 쓰는 내내 문을 열어 당신에게 그 길을 보여주기 위해 노력했습니다. 다음에 무슨 일이 일어날지는 이제 당신의 선택에 달려 있습니다. 행운을 빕니다!

옮긴이
박정은

컴퓨터공학을 공부했고 공무원과 공기업 직원으로 일하다, 책과 번역이 좋아 출판 번역가로 전향하였다. 글밥 아카데미 출판 번역 과정을 수료하고, 현재 바른번역 소속 번역가로 활동하고 있다. 옮긴 책으로는 《리프레이밍》, 《무너지지 않는 아이》, 《리더십 리부트》, 《사랑하는 사람과 저녁 식탁에서 죽음을 이야기합시다》 등이 있다.

내성적인 프리랜서
괜찮을까요?

초판 1쇄 발행 2023년 4월 9일
지은이 톰 올브라이턴
옮긴이 박정은
디자인 [★]규
펴낸곳 디 이니셔티브
출판신고 2019년 6월 3일 제2019-000061호
주소 서울특별시 마포구 토정로 53-13 3층
팩스 050-4207-8954
이메일 the.initiative63@gmail.com
인스타그램 @4i.publisher

ISBN 979-11-91754-11-7 03190